Alice Danesin

E tu, hai scelto?

A chi ha trovato il coraggio di realizzare i propri sogni.

Ma soprattutto a chi ancora non l'ha trovato.

Alice.

Alice. Alice è tante cose. Alice è tante persone. Alice è tanti luoghi che hanno segnato la sua vita e che ora ne fanno indelebilmente parte.

Alice ha 25 anni, era, è e sarà alla scoperta della Vita. Al momento è a Madrid, nella biblioteca con le pareti di vetro dei giardini del Retiro, a numerare le pagine di questo libro e a cercare di darci un senso.

Alice ha provato più volte a pensare perché dovrebbe pubblicare queste pagine, ma ancora non lo sa. Queste pagine le danno ancora la sensazione di essere qualcosa di suo, che fa parte di lei. Effettivamente, queste pagine sono pagine di Vita.

Vita che ha cercato, annaspato, gustato e sentito scorrere nelle vene da quando, con una laurea in Angloamericano e Cinese, lasciò il suo piccolo paesino della campagna veneta e partì per l'Australia.

Da allora, non ha più potuto rinunciare alla libertà e all'autenticità della Vita, continuando a viaggiare, cercando risposte in Ecuador e ora a Madrid.

Alice ancora non le ha trovate tutte le sue risposte, ma nel frattempo si gode il viaggio e insegna inglese ai bambini.

Alice in fondo lo sa perché vuole pubblicare questo libro.

Lo vuole condividere con te.

E se in qualche modo la sua esperienza potrà farti salpare verso nuovi orizzonti, sognare, infonderti una nuova energia, amore per la vita... allora averlo condiviso ne sarà valsa la pena.

Ali

"La felicità è reale solo se condivisa." – Into the Wild

Premessa

Come e quando mollare tutto e riprendersi la vita: istruzioni per l'uso.

Tutto è grigio, non trovi più un senso. Tutti i giorni sono uguali, quello che fai lo fai perché *devi* farlo e non perché lo *vuoi* veramente. Lo fai perché lo richiede la società, la famiglia. Regole, convenzioni, credenze, bigottismo, conformismo, giudizi. Se al mattino ti va di alzarti alle undici è *giusto* che tu ti senta in colpa, perché la società dice che dovresti essere al lavoro e produrre per il *bene* della nostra nazione. Se hai un chilo di troppo, la velina dal corpo scultoreamente perfetto e forse troppo scoperto la trovi lì in tv a ricordartelo con quella falsa nonchalance con cui ti spiega come *per caso* è arrivata fin lì. Quando esci, non ti riconosci più nella gente che ti sta attorno, anzi, la gente ti dà **fastidio**. Senti che tutto è piccolo, troppo **stretto** per te, che non hai più nulla da condividere con chi sta qui. Senti che dove vivi è troppo **chiuso**, quasi ti manca l'aria. Quando ti svegli al mattino, un'ansia da "*non-sto-facendo-la-vita-che-gli-altri-vorrebbero-che-io-facessi*" ti pervade. Esci la sera con gli amici, e ti ritrovi a sentirti estraneo a tutta quella folla di gente vestita bene e tirata a lucido con un cocktail in mano a discutere della macchina nuova e di quanto abbia guadagnato nell'ultimo mese. Senti che respirare è diventato **faticoso**.

Sai già che quella non è più Vita, ma non hai ancora il coraggio di ammetterlo. Quando ti rendi conto che la Vita ti sta sfuggendo dalle mani, come sabbia tra le dita, e tutti attorno a te sembrano ripetere solo una cosa, ossessivamente, continuamente: "È così che funziona, la vita è questa, devi avere pazienza, vedrai che le cose si sistemeranno..."

Beh, in quel momento ci sono solo due cose da fare. O ci credi fermamente e torni a fare quello che facevi prima, o fai la valigia e parti.

Io ho fatto la valigia.

È così che sono partita. Da sola. Due valigie troppo piene di cose inutili e tanta voglia di trovare. Di trovare me stessa. La me stessa che qui, in Italia, non si riconosceva più, la me stessa che aveva bisogno di **respirare**. E scoprire il mondo fuori casa mia. Chi diceva che non ce l'avrei fatta, chi diceva che cosa ci andavo a fare io, piccola, giovane donna inesperta dall'altra parte del mondo, in Australia. Ripenso al periodo prima della partenza e ciò che, a distanza di tempo, mi è rimasto impresso è il momento della **scelta**. Sì, perché il momento più difficile è quello. Il momento in cui decidi che è tempo di cambiamenti, tempo di partire.
Una volta deciso questo, la scelta si dirige al ***dove*** andare. Ogni persona ha il suo *habitat* perfetto in giro per il mondo, ne sono sicura. E dato che ora avevo la possibilità di *sceglierlo,* perché non scegliere un paese anglosassone, dove ci fosse il sole, il mare, paesaggi selvaggi, spazi infiniti e ritmi di vita lentissimi? Australia, era la risposta che faceva per me. Non Edinburgo, non Londra, non

Miami (devo dire di averci pensato, ma la difficoltà con cui si poteva ottenere un visto lavorativo mi ha fatto cambiare rotta), non Berlino. L' Australia.
Il passo successivo è stato fare domanda per il **visto**. Ma ancora mentre aspettavo il visto, pur avendolo pagato 400€, cercavo di tenermi un appiglio qualsiasi che potesse farmi restare qui. Tenevo ancora la porta aperta al *restare*. Perché si sa, per quanto siamo bravi a far progetti, siamo anche bravi a fare le vittime. Vittime di noi stessi, in fondo. E poi, dovevo comprare il biglietto. Non ne avevo il **coraggio**. Una sera, mi misi a controllare i voli. I prezzi erano alle stelle. "Caspita", pensai. "Ma chi o cosa sto aspettando? Che qualcuno lo compri per me e magari mi metta pure in aereo?"

Il coraggio viene solo da noi stessi, sempre.
La scelta sta a noi.
Esclusivamente a noi.

E arriva quand'è il momento giusto. E quel momento, credetemi, si *sente*. Comprai il biglietto per 1200 € solo andata con la Qatar Airways. Era fatta. Una volta che tutti sanno che parti, c'è come qualcosa nell'aria che fa pensare alla gente: "Alice sta partendo, non la vedo da secoli, sarà il caso che vada a darle un saluto". E così si vede spuntare gente di cui ti eri persino scordata l'esistenza, gente per cui avresti *dovuto* trovare prima il tempo di dedicare ***tempo***. Tempo. Che è la cosa più preziosa che si possa regalare. Tutto passa, ed è vero. E non è una visione pessimistica della natura umana alla Leopardi o chissà che cosa. Non è semplicemente un dire voglio pensare al presente; oggi ci sono domani chi lo sa. È più un "scelgo io *come* vivere". Questa è la vita terrena di ora e ci è data la possibilità di viverla per arricchirci ed evolverci. Se sentiamo che in noi c'è qualcosa, qualcosa che ci crea forse dolore, insoddisfazione o sofferenza... beh, quello è l'**avviso**. Bisogna imparare ad ascoltarsi, a capire noi stessi, e i segnali che ci arrivano.

Cambiamento.

Nessuno dice che sarà facile, ma si può essere migliori solo grazie al coraggio di affrontare certi dolori, certe scelte. Scelgo di partire, perché ***sento*** che in ogni caso sarà una scelta fatta da me. Io ho deciso e mi sento padrona del mio destino. Per quanto possa essere una sensazione, è una sensazione che ti fa sentire ***vivo***. Parto perché voglio tentare di farcela, provare ad essere migliore, provare a fare ciò che mi piace fare, conoscere nuova gente, parlare una nuova lingua, farcela da sola.
E tutto questo diventa possibile solo nel momento in cui diciamo Sì. Sì ad un viaggio, sì ad una proposta, sì ad un'opportunità. Solo allora entriamo nella sfera del *possibile.* Tutto quello che ne verrà fuori, sia che si decida di restare all'estero o di tornare in Italia, sarà comunque la propria ***vincita personale.*** Fatta di paure, soddisfazioni, cadute, insuccessi, pianti, sorrisi e felicità. Un viaggio arricchisce sempre, in ogni caso.

In Australia ti si aprono mille porte, questo è vero. Ma devi essere aperto tu per primo, ad iniziare come lavapiatti, cameriere, barista. E poi, con un pizzico di *fortuna* e di intraprendenza, puoi avere l'**opportunità** della tua vita. Un lavoro, una persona, un contatto. In Australia tutti hanno qualcosa da dirti. In Australia, mi trovo ad un colloquio di lavoro con il capo che gioca a biliardo. In Australia, non sei manager di un bar se non hai almeno entrambe le braccia tatuate (ci scherziamo un po' su!). E questo dice tanto. Dice tanto su quanto non conti come appari, ma quanto ***vali***. In Australia, mentre faccio pulizie nella villetta del vicino, mi offrono una birra, partecipo ad una conversazione sulla situazione degli aborigeni nel N.T. e poi mi danno il numero di telefono di un loro amico che cerca personale. E non mi sento immigrata, mi sento semplicemente ***parte del mondo***. In Australia, quando vado a servire vino e salatini alla casa di un pezzo grosso dell'esercito, ci troviamo a discutere di letteratura e dei suoi libri preferiti nella libreria d' antiquariato che colleziona. E sempre lui, Tim, senza conoscermi, mi ha fatto promettere che sarei diventata un insegnante. "Promise, please. Be a teacher. Life is too short to do something you don't enjoy." Quella sera sono tornata a casa con il cuore pieno di gioia e al tempo stesso un po' impaurita che qualcuno fosse riuscito a leggermi così, senza conoscermi. Ed ecco qui. In Australia trovi questo. Almeno, io ho trovato questo. Opportunità, gente meravigliosa. Un attimo, però. Non crediate che sia solo rose e fiori. Ho trovato anche gente che mi ha chiuso la porta in faccia; italiani, fra l'altro. E fa parte della vita, ti rialzi, vai avanti. Non c'è tempo per rimuginare dietro a rancori passati, desideri inespressi e presunti tradimenti. Non c'è tempo per ciò che ci fa male. Ed io, il mio tempo voglio spenderlo per **Amare**. I miei amici, la mia famiglia, le persone che incontro per strada, il panettiere, il tassista, il fruttivendolo, la sarta, il musulmano, il buddista, il cristiano, l'hinduista, il mio lavoro, gli alberi, i fiori, lo scoiattolino sopra la sua ghianda, i deserti, i boschi, gli oceani.

Voglio spendere il mio tempo ad Amare la mia vita.

E tu, la stai amando la tua vita?
Se come me, hai deciso o stai decidendo di partire, vorrei che la mia esperienza possa esserti d'aiuto in qualche modo, e vorrei poterti dare qualche consiglio pratico una volta arrivato in Australia.

Prima di partire avrai bisogno sicuramente di un passaporto valido, di un visto, del biglietto aereo di sola andata (credimi, sola andata. Farai in tempo a decidere di tornare e soprattutto è meglio non essere vincolati da una data prefissata). Ah sì, lo zaino da **backpacker**. Assolutamente. Non partire con la valigia, ti servirà a ben poco. Spendi i tuoi soldi in un bello zaino enorme e comodo, sarà più facile spostarti e ti accorgerai di aver bisogno di molte meno cose di quanto pensi. Una gran bella macchina fotografica, magari subacquea; anche se le foto più belle sono quelle che resteranno impresse nella tua memoria.

Cercare una prima sistemazione. A Melbourne, degli amici di amici mi hanno ospitata per le prime settimane. In realtà, il figlio di una signora amica di amici dei miei nonni. Conosciuto qualche settimana prima su Skype. Insomma, cerca qualcuno, amici di amici, parenti, zii, conoscenti. Parlaci, capisci se il posto e la vita di lì può fare per te. Si ci possono essere opportunità per te. Se la risposta è ancora "sì, voglio andarci" allora rimboccati le maniche e cerca **agganci** di qualunque tipo!

Una volta arrivato a destinazione, la prima cosa di cui ti renderai conto di aver bisogno è un numero di telefono. Subito dopo, un conto in banca. (Io ho scelto molto poco democraticamente l'ANZ bank perché mi avrebbe dato la debit card fucsia smagliante. In ogni caso, mi sono trovata bene. Magari informatevi meglio prima di scegliere! Prima di averne veramente bisogno, è meglio richiedere anche la medic care e il tax file number, eccetera. Ma non vi tedierò con tutto questo, ci sono moltissimi siti che lo spiegano molto meglio e in dettaglio.

Vorrei spendere invece due parole per il curriculum. Si chiama **resume** in inglese. Trovi i form sul web, è completamente diverso dal formato europeo ed è importante che metti in evidenza oltre alle tue esperienze, anche gli obbiettivi di carriera e le tue *skills.* Ciò che sei abile a fare insomma.

Che altro, fammi pensare... Cercare casa e lavoro. A questo punto della lista potresti già avere una casa o almeno un tetto sotto cui dormire e mangiare. In ogni caso, quello che posso dire su questo, è solo una parola: *Gumtree.* Per tutto. È il portale di

ricerca più ampio e popolare in tutta l'Australia e nei paesi anglosassoni.
Per quanto riguarda il lavoro, se ancora stai cercando la tua strada, prova. **Sperimenta**. Se il lavoro ti piace bene, altrimenti cambia. Ce ne sono un milione di altre possibilità. Il lavoro te lo puoi *inventare.* Crea annunci, inizia a crederti esperto barista, cuoco, meccanico, commesso e muratore. Io ho iniziato come cameriera, per poi passare ai succhi freschi salutari, alle pulizie e dog sitter. Poi mi sono improvvisata insegnante di lingue. E la cosa è stata sorprendentemente gratificante. Comunque, in base alle proprie esperienze, alle opportunità, ai propri studi e alle proprie aspirazioni e progetti di vita, ognuno farà il suo percorso.

Potrei stare qui a snocciolarti pagine e pagine di dove e come cercare lavoro, quali potranno essere le difficoltà che incontrerai... ma questa è stata la mia esperienza.

Tu, la tua devi viverla.

È ancora tutta da scoprire. Tutta da scrivere. Poi chissà, magari me la racconterai. La tua sarà qualcos'altro. Di unico, di ineguagliabile. Ne sono certa. Un mio amico sta partendo, parte domani. E vorrei augurargli tutto il bene possibile. Questo augurio è per tutte le persone che vorrebbero partire, ma che non ne hanno il coraggio: **PARTITE**!
Per tutti quelli che sentono aria di cambiamento, ma a cui serve una spinta per andare: **ANDATE**!

Per tutti quelli che non riescono ad uscire da una situazione difficile, di noia e depressione da lavoro cronica e vorrebbero *tanto* cambiare: **CAMBIATE!**
Per tutti quelli che si chiedono *come sarebbe se*, e *se facessi:* **FATE!**
Per tutti quelli che non credono in sé stessi e sono convinti che non ce la potranno mai fare: **CE LA FARETE!**
Per quelli che dicono un giorno *andrò, farò, viaggerò:* **FATELO OGGI!**

Perché è oggi il momento in cui possiamo *cambiare*, è oggi il momento in cui possiamo *decidere*, è oggi il giorno in cui possiamo scegliere di *partire*. Oggi, il giorno in cui possiamo decidere di scrivere la nostra **Vita**.

Partire per ripartire

26 Marzo 2014
Melbourne, Australia

Già due mesi e mezzo da quando sono partita, forse è tempo di fermarmi a scrivere qualcosa. Fermarmi qui è davvero difficile: ben presto mi sono resa conto di quanto debba correre, io, straniera, durante la mia giornata.

Corro per trovare un lavoro fin dal giorno dopo in cui sono arrivata qui, con ancora addosso le 10 ore di fuso orario che non sono riuscita a smaltire per tutta la prima settimana.

Corro su e giù per la città per prendere i tram (super puntali) mentre io (puntualmente) sono in ritardo. E non è nemmeno detto che il tram che prenderò sarà quello giusto – mannaggia al mio precario se non assente senso di orientamento! – capiterà che mi ritrovi in posti sperduti dove non ci sarà nessuno a cui chiedere informazioni o aiuto: "non ti preoccupare Ali, è sicuramente una zona residenziale e prima o poi come sei arrivata, troverai il modo per tornare indietro!", mi dico.

Corro quando capisco sulla mia pelle il vero significato della parola *"busy"*.

Impegnato, occupato, diremmo in italiano.

Qui tutti i luoghi, i posti di lavoro, la città, le manifestazioni, gli eventi e le persone stesse sono *busy*, sono frenetiche, sono piene di cose da fare, di persone da incontrare, di tram da prendere, di luoghi da raggiungere, di cose da comprare. Tutti sono *busy*, in base ai propri impegni, al periodo dell'anno, di alta o bassa stagione. Tutti corrono verso qualcuno o qualcosa. A volte non ti guardano nemmeno in faccia, tanto intenti a maneggiare il telefono, testa in giù, mani occupate e orecchie coperte dalle cuffie per la musica.

La prima cosa che noto è che tutti, salutandomi, mi chiedono *«Hi, how is it going?», «how are you?»* e penso che siano davvero carini a chiedermi come sto. Beh, niente di più comico nello scoprire poi che in realtà è solo un saluto. Si risponde con la stessa domanda - Perché a scuola non me l'hanno insegnato?!
Mi abituo poi a rispondere *«No worries man»* a qualunque cosa – altro che *you're welcome!* - e ad esclamare un *«beautiful»* di approvazione a qualsiasi proposta, anche ai miei amici italiani!
Inizialmente ridevo nel sentir parlare gli italiani per metà inglese, per metà italiano, ma poi ci ho fatto l'abitudine ad espressioni come: "Sono molto *busy* oggi", "Domani ho il *day off*". Che poi, a dirla tutta, sono già entrate silenziosamente a far parte del mio vocabolario quotidiano senza che me ne rendessi conto.

Corro anche per lavoro; sono stata assunta come *"runner"* già in tre ristoranti diversi, e va bene così per il momento, ho bisogno di abituarmi allo slang australiano e di qualche soldo per fare la spesa e permettermi un gilet con le frange indiane senza sentirmi troppo in colpa.

Ma Melbourne è anche altro. Non è solo lavoro. Melbourne è *decisamente* altro.

Gli australiani sono *easy going,* si vestono con le prime cose che capitano loro sottomano dall'armadio (o almeno questa è l'impressione!), un mix di colori, di una moda che non esiste e di cosce al vento. La tranquillità con cui puoi girare per strada vestito come ti pare e la consapevolezza di non essere guardato per ciò che indossi ti fa sentire molto s*elf confident* con te stesso e con gli altri e avresti voglia di iniziare a cambiare radicalmente il tuo guardaroba (e per guardaroba intendo i 34 kg - su 30 consentiti in stiva - di vestiti che mi sono portata per paura che qui *non mi piacesse nulla*). Jeans e gonne a vita alta, camicette con il nodo all' ombelico e pancia scoperta, sandali con zeppa uniforme ("No se possono vede'!" direbbero i miei amici dalle Marche) e magliette a fiori stile hawaiano riempiono le vetrine delle miriadi di negozi vintage che si susseguono in centro città. Al tempo stesso, come *io* non voglio essere giudicata (capiscono sempre e comunque tutti che sono italiana per il modo in cui mi vesto e mi atteggio), non devo farlo nemmeno io: non mi devo stupire se d'estate ci sarà la giapponese che indossa una pelliccia, o il tedesco con i calzini bianchi al ginocchio con i sandali da frate, o l'australiana tipo con berretto e sciarpa di lana, vestitino più stretto e corto di quanto dovrebbe essere (devo dire che qui mi sento così magra quando vado a fare shopping... taglie molto più formose rispetto alle nostre!) scalza e alticcia dopo una serata di tacchi e qualche drink in più.
Non giudicare e non sarai giudicato.
Facile a dirsi, un po' più difficile a farsi.

Imparo presto che *"take it easy"* non è solo il modo migliore per vivere qui. È uno stile di vita, un mantra, un qualcosa a cui dovremmo abituarci; tutti dovrebbero abituarsi. Ma per nostra tradizione, in veneto, non passerebbe nemmeno per l'anticamera del cervello di prendere la vita un po' più lentamente. Con i propri ritmi, calmi, umani. Non siamo abituati, non fa parte di noi, non ci è stato insegnato così. Forse, e non solo forse, sono venuta qui anche per questo. Per imparare uno stile di vita diverso, aperto, più atto al cambiamento.
Qui, in un giorno è così facile perdere lavoro come trovarlo, è altrettanto facile non avere più un tetto sotto cui dormire e trovare qualche ora dopo l'appartamento perfetto; e il tutto grazie a "*Gumtree*" il portale free dove si vende, si cerca, si compra, si trova tutto ciò di cui hai bisogno, a parte l'amore della propria vita (oddio, qualcuno che ha risposto ai miei annunci lavorativi con complimenti piuttosto spinti l'ho pure trovato!).
Ah sì, e in questa giungla mi è capitato anche di trovare chi mi abbia offerto di pagarmi per farmi fare dei massaggi, o per leccarmi i piedi o semplicemente accompagnare qualcuno ad una festa. E il mio annuncio di lavoro era come cameriera. Non serve che aggiunga altro.

I miei ritmi di vita hanno cominciato a sballarsi ben presto: indipendentemente da quale lavoro faccia e dai miei orari, ho iniziato a mangiare come un australiano: quando ho fame, di qualunque cosa abbia voglia. Ed ecco allora che aperti ventiquattrore su ventiquattro ci sono gli street

food. Che poi si parli di salute e di ciò che faccia bene o meno, questo è un altro discorso. E a dirla tutta, è un altro capitolo della mia vita.
Torniamo a Melbourne. È bello camminare la sera e trovare sempre qualcosa di aperto. È bello entrare in quelle caffetterie da film, le ho sempre adorate per la loro posizione romanzesca alla Fabio Volo rispetto alla città. Quando ordini ti scrivono il nome sbagliato, sempre ed *inevitabilmente* sbagliato sul bicchiere di carta. *Alix* hanno scritto l'ultima volta. Sì, sto parlando di *Starbucks*. Prendo il mio frappuccino e mi metto alla finestra ad assaporare la città and *that's it*. Non c'è nulla di meglio. In quel momento non ho bisogno d'altro.
A volte, lungo il tragitto che faccio per andare a lavoro, mi fermo da *Seven/Eleven* a prendere quei muffin all'arancio e semi di papavero per solo 1$.
La vera colazione all'australiana si trova in moltissimi coffee bar del centro, che servono colazione e pranzo insieme, i famosi *brunch*: piatti di uova in tutte le salse con verdure, pane tostato e burro, immancabile per l'australiano medio! Un posticino molto carino e coccoloso è *Celina's*, pochissimi tavolini, *quiet* quanto basta per staccarsi dal caos della città e godersi in pace il proprio caffè accompagnato dai pancakes con il *maple syrup*, *vanilla ice-cream* e *wild berries*. E la signora Celina li cucina lì dietro al bancone, i pancakes, per te, al momento. Uno dei modi migliori per iniziare qualunque giorno libero.

La spesa. Qui puoi farla come, dove e quando vuoi. Esiste una varietà di scelta che non si può nemmeno immaginare. Aldi, Coles, Woolworths. Ciò

che mi manca è il formaggio. Il vero formaggio. Un *pezzo* di formaggio vero. Non *cheddar,* non buste di filetti di mozzarella che costano come l'oro.
Un giorno ho deciso di fare il tiramisù. Mascarpone, mascarpone. Savoiardi, savoiardi. Leggo e consulto gruppi di facebook, forum a riguardo; altri italiani che ahimè, si erano scontrati con la cruda e dura realtà. Siamo italiani, amiamo il nostro cibo, desideriamo cucinarlo anche quando siamo dall'altra parte del mondo. Ci facciamo il ragù, compriamo la farina per fare gli gnocchi e la pizza e dobbiamo fare i conti con problemi di non poca importanza su come e dove trovare la vera mozzarella e il parmigiano (che non è *parmesan cheese!*).
A Melbourne, la risposta è andare da *Mediterraneo.* Costa, ma il mascarpone e la pasta vera e di buona qualità ci sono. E camminare tra gli scaffali e sentir parlare un napoletano che ormai di italiano ha ben poco, e vedere i pacchi delle Gocciole, un po' ti fa sentire a casa.

Ma ciò che adoro sopra ogni cosa è il Queen Victoria Market, il mercato del centro: si trovano carne, pesce, frutta e verdura a buoni prezzi. Ci sono anche boomerang, koala e canguri peluche. I miei ultimi *comfy pants* colorati a zampa d'elefante e la prima cavigliera di spago intrecciata li ho trovati proprio qui, in un piccolo stand di vestiti vicino alla bancarella dei manghi. Così grossi e gialli. Agli orari di chiusura si riescono a portare a casa prodotti a prezzi stracciati, a volte gratis.

Mettendo da parte la mia italianità, che a volte proprio non sopporto a dire il vero, adoro provare ed esplorare nuovi gusti. Melbourne è semplicemente una vetrina di Paesi e sapori a cielo aperto: ristoranti vietnamiti, cinesi, giapponesi e coreani sia dentro che fuori Chinatown, ristoranti greci e messicani, indiani e chi più ne ha più ne metta. Adoro che tutto conviva e coesista così, insieme.

Giovedì sera sono andata a St. Kilda, una sera d'estate, calda e piena di vita. Tante persone, musica, tamburi e libertà. Nell'aria, odore di spinelli, ma è normale qui.
Ho indossato il mio vestito verde a fiori viola, legato in vita. Ho ballato, mi sentivo libera, piroettavo tra la gente sconosciuta. Mi è piaciuto. Ancora non so come ci si diverte da soli, ma qui sto sperimentando. Ci sono venuta con i miei nuovi amici, ok, ma sono ancora troppo nuovi per non sentirmi sola. E poi mi piace la mia nuova vita da sola. Esco, passeggio, tante volte trovo sempre qualcuno con cui parlare o alla fermata, o in tram o al parco. Quella sera ho cominciato ad assaporare cosa significa danzare da sola tra la gente. Piena di spirito, piena di brio. Piena di tempo per me. Piena di tempo che l'orologio non serve. Avevo le zeppe di paglia, quella sera. Le ho dovute buttare, erano tutte infangate.

Due settimane dopo...
Dal momento che ora lavoro in un vero coffee bar australiano ho imparato per certo che per quanto *easy going* siano gli australiani, sulle uova e sul

caffè ne sanno forse più di noi. O forse abbiamo insegnato noi a loro, dato che l'Australia qualcuno dice sia stata fondata dagli italiani. Insomma, qui si può scegliere tra ben 12 tipi diversi di caffè e miscele dal Sudamerica, Africa e Sudest asiatico.

Devo essere sincera, dopo alcune incertezze e tentativi iniziali, ho trovato il mio caffè. Il *Weak Latte.* E proprio come una vera e propria autoctona, cammino per strada con in mano il bicchiere di carta del caffè *take away* e il *newspaper* nell' altra.

Melbourne è una **città colorata dal mondo**. Una città punteggiata da una miriade di luci notturne, da parchi, da artisti di strada, da aria di vita. Una città nella quale non ti puoi mai sentire solo per quanto tu lo sia effettivamente. O almeno, io lo ero. Sono arrivata qui da sola, e passo dopo passo, l'universo ha fatto sì che incontrassi le persone che ora sono diventate la mia nuova famiglia. Persone meravigliose, diverse da me, da cui giorno dopo giorno imparo ad andare oltre me stessa e fare mio qualcosa di loro, qualcosa che io ancora non ho. Tornare a casa la sera dopo lavoro e trovare conforto nell'avere i tuoi amici lì, per una birra tutti assieme, per un thè coi biscotti e un film che noi ragazze troppo stanche non riusciremo nemmeno a finire perché ci addormenteremo sul divano. Una nuova famiglia con cui condividere la pasta col ragù, il tiramisù e la pizza fatta in casa. Una nuova famiglia che ti tira su quando non trovi lavoro, e festeggia con te la tua prima paga. Loro, che condividono i tuoi stati d' animo e sanno come prenderti, cosa dire, quando abbracciarti e quando lasciarti per i fatti tuoi perché hai bisogno del tuo spazio. E a tutti loro, voglio un gran bene. Elena, Serena, Matteo e Luca. Cari miei compagni di viaggio.

Perché te ne crei una di nuova, di **famiglia**. La tua c'è sempre, ed è lì, in Italia. La famiglia a cui manchi tantissimo e che vorrebbe sentirti molto più spesso su Skype; la tua famiglia che non capisce come puoi cambiare quattro lavori in due mesi e che ti chiede ogni volta quando tornerai, che non vede l'ora di rivederti e che ti fa sciogliere ogni volta che ti ricorda quanto ti vuole bene. Sì, perché a volte bisogna andare dall'altra parte del mondo per sentirsi dire dal proprio fratello che ti vuole bene, bisogna andare in Australia perché i tuoi genitori capiscano che sei Donna, finalmente.

Fautrice delle mie scelte, indipendente, libera, alla ricerca della pienezza di me.
Qui ed ora, io e me stessa. Io eD(io). Sì, perché completamente da sola non avrei mai avuto il coraggio di partire; perché sto imparando ad essere grata ogni giorno per quello che ho, e ad affidare le mie nuove giornate cariche di positività e buoni propositi ma a volte anche di paura, ansia ed inquietudine.
Ho imparato che Dio è ovunque, nelle chiese cattoliche, anglicane, presbiteriane, nelle moschee, nei templi hindù, buddisti... Domenica mattina sono andata a messa alla cattedrale, c'era una donna a predicare. Come mi piacevano i suoi capelli bianchi vaporosi e la sua veste viola. Aveva una gran forza, parlava chiaramente. Una vecchietta a

fianco a me, dopo la funzione, si gira verso di me, mi dà la mano, si presenta e mi dà il benvenuto.
Dio è tra la mia nuova famiglia, è tra le persone, tra i gesti, in un mazzo di margherite coloratissime, non poi troppo anonime, lasciato sulla porta; è tra le opportunità, è tra i tradimenti e anche nelle cose che sembrano inizialmente negative. È ovunque. È in me. E come non stupirsi quando inizi a capire che ogni cosa accade perché deve accadere, che ogni dolore è necessario per portare a termine una situazione, un rapporto, un lavoro. Quando capisci che sei in quel posto per **un motivo**, perché dalle persone che hai a fianco devi imparare qualcosa e lasciar andare altro. Perché ce ne sono certe con cui apri la guida dell'Australia a caso, decidi di partire per il Wilson Promontory con solo un paio di panini e una bottiglia di vino. Quella sera, quella sera è stata la prima volta che ho visto la via lattea così da vicino. Quella sera è stata la prima volta che mi sono allontanata così tanto, semplicemente *andando.* Quella sera ho avuto freddo, in macchina, a dormire rannicchiata nei sedili. La mattina dopo è stata un'alba rosa e arancione e canguri saltellanti qua e là. La mattina dopo è stata libertà allo stato puro, di fronte all' oceano, camminando sulla punta più a sud dell'Australia.
Mi piace la tua voglia di libertà, amico mio, anche se siamo molto diversi e le nostre visioni di vita piuttosto discordanti. Ma *quella* sintonia, *quella* frequenza su cui riusciamo a connetterci, è fantastica. Spero resteremo amici.

Perché, in ogni caso, è importante anche saper lasciar andare. È quello che ho fatto partendo.

Saper tagliare, al momento giusto i rapporti sbagliati; ciò che non ci fa stare bene, ciò che ci rende nervosi, ansiosi. Si chiama "scelta" il coraggio di cambiare. Semplicemente scelta. E mi piace ricordarmi che non siamo alberi, se non ci piace un posto, possiamo muoverci, possiamo cambiare.
E sta a noi, solo a noi, decidere di alzare le chiappe e cambiare. Decidere di iniziare di nuovo, di riaccendere, di ripartire.

Serendipità

Ovvero la sensazione di scoprire qualcosa di inatteso e importante mentre cerchi altro.

8 Aprile 2014

E poi ti ritrovi una sera d'aprile, anche piuttosto fredda ed uggiosa, nella sala comune al sesto piano dell'ostello dove ti sei trasferita proprio stamattina. "Carino", ho pensato appena entrata; anche se un gran senso di insicurezza iniziava a pervadermi. "Di nuovo senza casa" realizzai. "Che palle, i vestiti sparsi ovunque e stropicciati. Che palle, poco spazio per respirare e nemmeno una finestra per vedere il tempo fuori."

Poi incontro un paio d'occhi che ridono e gli angolini alti di una bocca che sorride sicura. Allora li guardo e mi tranquillizzo. «Andrà tutto bene» mi dice. Lo so che andrà tutto bene, lo andrà per forza, anche perché' ormai sto facendo anch'io la scorza dura alla vita. Vita che, ho imparato, può cambiare da un giorno all'altro. Anzi, direi che un giorno è fin troppo preavviso. E ti ritrovi ad affrontare nuove situazioni, nuovi colpi di scena, da solo. Che poi, solo solo non sei mai, perché chi cammina al tuo fianco, non ci cammina mai a caso...

E chi non c'è a caso, c'è per un motivo... E capisco che chi non c'è per restare è meglio che vada per andare altrove. Le persone con cui stare le

scegliamo, le critichiamo, le apprezziamo, le giudichiamo.
Ma chi siamo noi per giudicare? Chi ci crediamo d'essere? Di sicuro uno scalino più in alto degli altri per poterci sentire addirittura nella posizione di allungare il dito. Il coraggio è quello di chi sa quando è il momento di tagliare, quasi come un urlo liberatorio, direi. E poi, ognuno per la propria strada. Si, e non c'è niente di male nell'ammettere che la vita è fatta di liberazioni, che certi rapporti arrivano alla fine semplicemente perché dovevano arrivarci, semplicemente perché era così che doveva andare.
E allora prendi coraggio e decidi che è il momento di metterti in azione, perché siamo noi i primi artefici della nostra vita, perché non c'è niente di più potente delle nostre scelte per cambiarne il corso.
Non ti piace dove vivi? Trasferisciti. Non ti piace il tuo lavoro? Cambialo. Non ti piace la gente con cui stai? Cercane una di nuova. E nessuno dice che sarà semplice, nessuno dice che non dovrai soffrire per questi cambiamenti, ma tutto sta a te, e non dovrai aver paura di restare solo. "Solo", alla fine, è la persona con cui dovrai trascorrere il resto della tua vita, e devi essere sicuro di non avergli fatto nessun torto, non deve avere nessun pentimento né risentimento. "Solo" sei proprio tu, che nel momento in cui ti viene detto che hai due giorni per liberare casa e trovartene quindi un'altra, l'unica cosa su cui puoi contare è la tua calma, la tua tranquillità e la tua pace dei sensi per rifare, ancora una volta, la valigia (in cui, sai per certo, che non ci entrerà nemmeno un quarto delle tue cose che con

il passare del tempo si sono gradatamente moltiplicate. Ultimo acquisto, 3 paia di ballerine oro, azzurre e nere: scomodissime e raso terra, ma erano a soli 10$, un affarone!)

E tra tutto questo caos, bisognerebbe trovare anche il tempo per ringraziare... di cosa? Di cosa dovrei ringraziare? Della vita che oscilla? Dei ritmi non regolari che ho? Forse sì, forse vivi di più in due giorni cosi, pieni di mille emozioni diverse e altalenanti che in mesi di sicurezze e agognanti monotonie.

Ma facciamo un passo indietro. I mesi sono trascorsi non con pochi sacrifici e, ascoltando storie mirabolanti di persone che avevano viaggiato ed esplorato l'Australia da est a ovest e da nord a sud, il desiderio di viaggiare si era fatto sempre più forte. Comprammo una macchina. Un Nissan Terrano 4x4. Eravamo in quattro a voler partire, all'inizio. Ma i piani non sempre vanno come abbiamo programmato.
Una delle tante sere che andavamo a ballare tutti insieme, io e lui ci avviciniamo un po' di più. Balliamo vicini, molto vicini. Ci baciamo. Lui, con cui in realtà non avevo ancora condiviso molto. Lui, di cui in realtà sapevo poco. Lui, con un pesciolino tatuato sul fianco. Lui, che vedevo sempre sorridente e pieno di vita. Lui, partito con una valigia piena di sogni e speranze dopo una laurea in ingegneria. Questo, tutto quello che sapevo.
Qualche giorno dopo, entrai con lui da Kathmandu per dare un'occhiata agli zaini da viaggio, ai sacchi a pelo, tende, fornellini a gas, coltellini svizzeri e kit

di sopravvivenza. Ci guardammo negli occhi e sentimmo i nostri sogni terribilmente vicini. Fu lì che ci innamorammo e fu da quel momento che il sogno di partire si fece per due.

E poi quegli occhi che ridono. Qui, sotto al cielo stellato della library di Melbourne, tra le sue strade affollate di gente indaffarata, tra i mercati, gli artisti di strada, passeggiate notturne lungo lo Yarra river, in questa città sempre viva, frizzante.
"Casa". Impari che casa non è fatta di quattro mura, ma è fatta di te stesso, è fatta di te e di chi ti sta attorno. E impari che si è felici davvero con poco. Con una scatoletta di fragole in spiaggia e il cuore leggero.
Trasporti la tua "casa" su e giù per la città: due valige e qualche sacchetto e ti rendi conto di quanto precaria è la vita e di quanto siamo passeggeri. Di quanto dovremmo investire molto più nelle relazioni che nel resto. "Pack your life and go" mi è venuto in mente. Impacchetta quello che hai, scarpe, vestiti, spazzolino e dentifricio (non è esattamente questo il mio essenziale ma l'Australia cambia un po' anche le tue priorità) e vai.
Vai, perché non c'è niente di meglio che andare verso quello che vuoi, o meglio ancora verso quello che non sai. Vai, perché potresti restare sorpreso di ciò che c'è al di là della strada, al di là dell'incrocio, al di là del mondo.

E noi andiamo: il primo treno che passa, uno zaino, una felpa, una scatoletta di fragole, e un telefono che è sempre più scarico di quello che vorresti. Una passeggiata a piedi nudi sulla sabbia, qualche

chiacchierata con altri italiani immigrati, le casette colorate di Brighton, i gabbiani che popolano il bagnasciuga. Ad ascoltare il rumore del mare, parlare di tutto e ridere di niente.
Questa è serendipità. Scoprire qualcosa di inatteso e importante mentre cercavi altro. Fantastico. Sì, decidiamo noi come iniziare la giornata, come trascorrerla e come portarla a termine. Decisamente sì. Decidiamo noi di essere sereni qualunque cosa accada, dovunque accada.

Occhi che ridono e cuore leggero: sì, credo che oggi ringrazierò per questo.

Il viaggio nel viaggio

31 Maggio 2014
Katherine, NT

Attaccata alla presa della lavanderia del campeggio di Katherine (NT) mentre aspetto che le lavatrici finiscano, a buttare giù tutto quello che ho una voglia immensa di raccontare, mi metto comoda e scrivo.

24 Aprile 2014
Seaspray, VIC

Finalmente è il giorno della partenza. Finalmente è il giorno in cui abbandoniamo il mondo civilizzato per le interminabili ore di guida, per la natura incontaminata, per il silenzio e la pace interiore. Sì! Basta giornate lavorative da dieci – undici ore al giorno, stress da clienti insoddisfatti che si lamentano se il *flat white* che hanno ordinato è troppo *hot* o c'era troppo poco bacon accanto alle loro uova mattutine. Basta corse per arrivare in tempo al lavoro, perché la sveglia per quanto la metti presto, sarà sempre troppo tardi. Basta sorrisini forzati per compiacere il cliente anche se quel giorno hai la luna storta. Basta campanelle delle cucine che suonano all'impazzata. Basta civiltà per un po'. Era tempo di partire.

Con il buon proposito di partire dopo pranzo, facciamo le ultime lavatrici, organizziamo alla bell'e meglio i vestiti tra valige e sacchetti, carichiamo la nostra Nissan neanche troppo pulita e partiamo, più o meno sul tardo pomeriggio, con non ancora

forse bene in mente la nostra prima meta, o dove avremmo trascorso la prima notte.
Direzione Sale, abbiamo concordato, studiando la cartina. Due ore e mezza da Melbourne. È una piccola cittadina, non offre moltissimo il giovedì sera; c'è da dire che la vita australiana fuori dalle metropoli dopo le nove di sera è piuttosto tranquilla... assente, oserei dire. Quindi, dopo aver fatto una passeggiatina sgranchente per il deserto centro di Sale, cerchiamo di recarci nel nostro primo free camp, a Seaspray. Essenziale per il nostro viaggio è stato l'acquisto di *Free Camps 7,* guida ai free camping d'Australia con cartine stradali dettagliate annesse! Cercare un free camping quando fa buio e soprattutto quando non sai cosa ti aspetta, non è esattamente la cosa più astuta da fare; segnaletica mancante, molti km di *dirt road* (sentieri sterrati) da fare al buio, canguri che potrebbero schiantarsi sulla tua macchina da un momento all'altro... Dunque, facendola breve, non lo trovammo. Decidiamo quindi che avremmo rimandato la ricerca di un free camping a un altro giorno, con il chiarore del sole, con GPS funzionante (scoprendo poi che più ci si inoltra nel *bush,* meno ci sarà rete!). Persi nel nulla, parcheggiamo e dormiamo di fronte all' oceano nella 90 Miles Beach. '*Easy*' aggiungerei.

25 Aprile 2014
Metung, VIC

Dopo aver preparato (orgogliosamente!) la nostra colazione con fornellino da campeggio (10$ al BIG W) decidiamo (grazie alla nostra fedelissima compagna di viaggio, la Lonely Planet sull'Australia) che la piccolissima e sonnolenta cittadina di Metung avrebbe avuto il piacere di averci come ospiti. Visitiamo il porto, respiriamo la pace che questi 730 abitanti hanno deciso di vivere qui, dove sembra essersi fermato il tempo. Tappa obbligatoria al *Metung Galley* dai sorridenti Richard e Felicity, dove troverete dell'ottimo Fish & Chips e del *lamb* niente male.
Riprendiamo quindi il nostro viaggio, direzione free camping a Lake Tyres. Sono le 17 e ovviamente, è già buio (ricordiamoci che nel Victoria siamo nell'ora legale ed essendo aprile, l'inverno bussa alle porte). Impostiamo il GPS, che ci porta fino all'inizio della dirt road. Guido io. Buio, buche profonde nel terreno, la macchina che tende a destra, il bush e la desolazione più totale. "Ma dove stiamo andando?", riesco a leggere negli occhi di chi è seduto a fianco. "Arriveremo da qualche parte?"

Io nel frattempo proseguo, incuriosita, un po' impaurita ma eccitatissima ed emozionata. Quando dopo un bel po' di km avevo anch'io perso le speranze, ecco dispiegarsi di fronte a noi una distesa d'erba immensa, alberi altissimi e fuocherelli che ardono qua e là. *Finally*.
Decidiamo quindi di montare la tenda; ed essendo la prima volta, ce la siamo cavata più che bene, 20 minuti al buio con la sola luce della lanterna

ricaricabile a 12 volt. Stanchi e stremati dal viaggio, con pochi viveri in macchina (non eravamo ancora esperti campeggiatori!), scaldiamo un po' di thè sul nostro bollitore da campeggio, ci inzuppiamo qualche biscotto e andiamo a dormire. O almeno ci abbiamo provato, a dormire. Dentro ai sacchi a pelo, con la schiena che era un tutt'uno con la terra sottostante e l'aria intrisa di un umidità da far paura.

26 Aprile 2014
Lake Tyres, VIC

Con le ossa ancora intorpidite ci alziamo e subito facciamo conoscenza con i nostri nuovi vicini di tenda, Jack e Maria; australiani da una vita ma olandesi d'origine. Lei un po' robustella, pelle bianca e sempre protetta dalla crema solare, accento decisamente marcato; la tipica signora che ti accoglie in casa e ti chiede se hai mangiato abbastanza, la tua nonna insomma. Lui alto e possente, sicuro di sé, rilassato, pantaloncini al ginocchio, occhiale da sole scuro: l'australiano tipo. Quello che pesca e cerca la legna per il fuoco da accendere la sera, per intenderci. Entrambi capelli bianchi, sulla sessantina. Ci hanno offerto una tazza di caffè latte e con la nostra simpatia siamo persino riusciti a farci invitare al loro fuoco quella sera!

Decidiamo di trascorrere la giornata andando a camminare lungo l'oceano intraprendendo un sentiero per il bush incontaminato, vedendo qua e là qualche canguro. Col calare del sole decidiamo di tornare e sederci al fuoco dei nostri vicini. Si beve del buon vino, si mangiano tortilla piccanti in sacchetto. Qualcuno inizia ad accordare la chitarra e la melodia di "Knocking on heaven's door" è subito nell'aria, accompagnata dalle nostre voci forse troppo alte ma così cariche di eccitazione, di vino, di felicità. Lì tutto urlava vita: l'intensità del fuoco che ardeva, il vento freddo della notte che ti entrava nella pelle, la miriade di stelle e la via lattea sopra di noi che chiedeva solamente di alzare la testa per essere ammirata e restare completamente senza fiato.

27 Aprile 2014
Mallacotta, VIC

Ci svegliamo presto, poco dopo l'alba, dato che i primi timidi raggi del sole iniziavano a farsi spazio nella nostra tenda, con la consapevolezza che avremmo dovuto sistemare e organizzare la macchina prima di ripartire. Con nostra grande sorpresa e sincera gratitudine, la signora Maria ci offre la colazione, ovetto sbattuto con toast al burro e caffè latte, in un tavolino apparecchiato con amore (come potrebbe essere altrimenti?) sulla collinetta che dava sul lago. Da cartolina. Da sogno. Non avevamo nulla con cui ricambiare la loro gentilezza, i loro consigli e la loro compagnia; per cui ringraziammo infinitamente e li abbracciammo. "Drive safe", "camp safe guys" ci salutarono.
Proseguiamo per Orbost dove decidiamo di fare un po' di spesa all'*IGA* (e il capitolo spesa si fa interessante: una donna comprerebbe davvero

tante di quelle cose che non ci starebbero nemmeno dentro tre valigie - se avesse avuto l'opportunità di portarsele via! - ma con una sola macchina a disposizione, la lista dei bisogni primari deve essere rivista. Sono ancora convinta che l'acquisto del profuma ambiente al cedro e frutti freschi sia stato azzeccatissimo ed essenziale e che i dieci paia di scarpe che mi sono portata dietro... beh, forse quelli sono troppi. Ma il telo isolante da mettere sopra la tenda, ne vogliamo parlare? Quello ci avrebbe protetti dal freddo, dall'umidità e dalla pioggia!

Poi ci dirigiamo verso l'Information Centre, tutto in legno, molto carino, dove ci accoglie una signora davvero *lovely* e prendiamo cartine, mappe, più informazioni possibili su tutta la zona. Scegliamo la nostra prossima meta, Mallacotta, una cittadina molto piccola affacciata su un romantico porticciolo di mare, un'insenatura che ospita una moltitudine di pellicani che fanno la fila dai pescatori che, da veri uomini di mare, lanciano pesci nei loro enormi becchi aperti.

28 Aprile 2014
Betcka Beach, VIC

Una giornata di sole, un sole che scalda e che invita a camminare e a prenderlo in faccia spavaldi, quel sole. (Piccola precisazione sul sole australiano: fa male. Almeno questo è quello che dicono. È un'esposizione diretta ai raggi UV, per cui "dovremmo" usare sempre la protezione minima 30!) Camminiamo per Betcka Beach, la spiaggia di

Mallacotta, per 2.2 km fino al Fisherman's point view: davvero spettacolare! Una gran distesa di verde, pranziamo con i panini preparati al mattino, assaporando la brezza marina e il rumore delle onde che ci culla in un piacevole pisolino pomeridiano. Ma è presto ora di andare e proseguiamo la nostra rotta verso Ulladullah; guidiamo per 4 orette e parcheggiamo in una *rest area* consigliata da *Camps 7*, di fronte all'oceano, per essere sicuri di svegliarci con l'alba davanti, in fronte, oserei dire.

29 Aprile 2014
Ulladullah, VIC

"Perché non posso svegliarmi così tutte le mattine?" è il mio primo pensiero. E subito arriva la risposta. Certo che posso. Basta sceglierlo. Basta avere il coraggio di farlo. Basta poco. Il sole sorge e io lo intravedo dal vetro della macchina; decido che non voglio perdermi quest'alba spettacolare e scendo in spiaggia... Rosa, giallo, arancio, rosso sul blu dell'oceano. Che meraviglia. Colazione in spiaggia assaporando la freschezza del momento, e decidiamo che vorremmo fare (o almeno provare!) un po' di surf. Passeggiando, incontriamo un uomo sulla cinquantina, brizzolato, bel fisico, abbronzato, costume a mutanda nera con su scritto *Mollymook* (il nome del paesino dove eravamo). Cerca di trovarci un contatto per fare surf, ma senza successo; quel giorno l'insegnante non era reperibile. Gli australiani, fuori dalle grandi città, e ancora di più lungo la costa, si prendono i loro tempi; e fanno bene. Ci racconta così della sua

girlfriend, che abita in Francia e di come hanno visitato tutta l'Italia *a couple of times.* "Sicuramente più di quanto l'ho visitata io", penso. E da come parla e si atteggia... sembra essere anche piuttosto benestante. Ci invita a trascorrere la notte a casa sua e noi rispondiamo che ci avremo pensato e gli avremo fatto sapere; nel frattempo avevamo deciso di goderci la prima vera giornata di mare e sole da un bel po' di tempo: io non vedevo l'ora, finalmente! Bagno freddo nell'oceano con delle onde che si infrangono non solo nella costa, ma anche nei pensieri. Una serenità come quella che aleggia in questi paesini, è possibile averla per tutta la vita? Mentre cerco ancora la risposta, decido che un po' di quella serenità me la sarei portata via e tenuta per quando ne avrei avuto bisogno; quindi gambe in spalla e dopo un'energica frittatina con *bacon* e *cheddar* si parte per Sydney.
Vogliamo risparmiare, quindi decidiamo che avremmo dormito in macchina, immaginando solo lontanamente quanto sarebbe stato difficile trovare un posto tranquillo in una grande metropoli come Sydney. L'impatto con la città è stato un po' traumatico, quasi soffocante per me, oserei dire. Caos, un traffico e una disorganizzazione palpabile nell'aria. Veniamo da Melbourne, eletta città più vivibile al mondo per due anni di seguito! Decidiamo di puntare alla spiaggia, Bondi Beach, per trascorrere la notte, di solito molto meno controllata e meta di altri *van* e furgoncini hippy.

30 Aprile 2014
Sydney, NSW

Il primo appuntamento del mattino è con il meccanico, italiano, diventato manager dell'officina dove lavora da poco tempo. Si parla del più e del meno, anche i suoi colleghi sono italiani, padovani, e andavano a Scorzè per il rally. "Tutti qui" penso tra me e me. Comunque la nostra Nissan aveva davvero bisogno di una sistemata: gomme nuove, cambio dell'olio, una sistemata allo sterzo... non so che altro a dir la verità, non me ne intendo molto. Proprio per questo è sempre meglio andare con un uomo dal meccanico! Per iniziare la giornata, dopo esserci ripresi dalla bella botta di soldi sborsata per la macchina (ahimè necessaria!) c'è davvero bisogno di un caffè. Abbiamo appuntamento con Federica, un'amica, al Bondi beach Pavillion per la colazione: speriamo possa darci qualche consiglio su come girare la città in qualche giorno, pensiamo. Cappuccino, *croissant w jam and butter, pancakes* con lo sciroppo d'acero e i *berries, eggs and bacon.*

Con Federica... Racconti di noi, di sogni, di decisioni, di malattie, di viaggi, di vita. Occhi che brillano al ricordo di viaggi vissuti e alla voglia di viaggiare che ancora c'è ma che per un po', forse, dovrà rimanere chiusa nel cassetto per far spazio ad un altro sogno, la famiglia. Quanto amore, quanta voglia di vivere, quanta serenità. Decisamente un buon inizio giornata.

Decidiamo di fare la romantica passeggiata di 4 km

da Bondi a Coogee, percorrendo un sentiero con una vista mozzafiato a strapiombo sull'oceano. Che paesaggio! Pronti per visitare e desiderosi di assaporare questa nuova città, saliamo sull'autobus che porta in centro. L'Opera House, l'Harbour Bridge. Non ci sono parole per descrivere quanto senza fiato si rimanga di fronte alla bellezza di questa baia, la sera, con tutto quello scintillio di luci e l'aria frizzante che chiede di essere respirata a pieni polmoni. Profumo di fajitas messicane, riso alla cantonese, panini con salsa bbq, pizza italiana e fish and chips: un mix di profumi che si confonde con la magia e l'arte di questo suggestivo panorama.

01 Maggio 2014
Sydney, NSW

Quando non si hanno molti soldi per viaggiare, i biglietti dei musei e i tour guidati diventano cosa troppo dispendiosa e inizi a informarti su tutte le *free entry* e i servizi gratuiti che offrono le grandi città. A Melbourne sapevamo di un tour gratuito che partiva dalla library ogni giorno alle 10 e mezzo, ma da cittadini un po' troppo presuntuosi ("A Melbourne non c'è niente da vedere, ha solo duecento anni di storia"), abbiamo sempre snobbato o per poco tempo o per poca voglia, rendendoci conto solo alla fine, che forse avremmo dovuto visitare un po' di più la nostra città e non fare un tour de force il giorno prima di partire, entrando e uscendo da musei e monumenti, pieni di informazioni e nozioni che ci uscivano anche da *non-si-sa-più-dove.*

Ma torniamo a noi, tutto questo per dire che a Sydney abbiamo deciso di prendere parte al tour gratuito che partiva alle 10:30 da Hyde Park, con la riconoscibilissima guida vestita di arancione fosforescente che ci ha accompagnati lungo i *must* di Sydney: *the Rock, Harbour Bridge, Opera House* e la *Maquaire St.* Molto gentile e simpatica la guida, premurosa mi sento di dire, si assicurava che ci fossimo sempre tutti prima di partire e ci ha dato consigli molto utili su come muoverci in città. Con un certo languorino, decidiamo di andare a fare un pic-nic sull'erbetta fresca dei Royal Gardens e di cibare un po' gli ormai pretenziosi gabbiani, viziati da migliaia di turisti, con le briciole dei nostri panini. Verso sera abbiamo appuntamento con Marta, mia amica dell'università. Passeggiamo per il *Darling Harbour* e ci racconta della sua vita a Sydney, del suo lavoro, del suo appartamento fighissimo sulla skyline, della sua partenza per l'Australia. Perché quando incontri qualcuno che come te è partito, senti sempre quel certo che, quel sentimento di amicizia, di fratellanza che ti lega un po' a tutti quelli che hanno trovato il coraggio. Il coraggio di partire. *Strawberry Daiquiri* all'Hard Rock, e si parla di progetti, si scherza sul modo di atteggiarsi degli australiani, si ipotizza il futuro. Grazie Marta, *good luck.*

02 Maggio 2014
Sydney, NSW

La giornata inizia davvero tardi oggi, dato che avevamo deciso di regalarci una notte in ostello (YHA a Bondi beach). Anzi, direi che la giornata inizia a metà giornata. Pranziamo in ostello e torniamo ad oziare ancora per un paio d'ore. La giornata fa davvero molta difficoltà a partire. Finalmente ci decidiamo e andiamo fuori a cena, posto consigliato da Marta, vero ristorantino italiano nel quartiere di *Glebe.* Spritz (o qualcosa di vagamente simile), fiorentina media cottura, affettati e formaggi freschi. Dio, quanto mi mancavano! Ci affrettiamo e camminiamo velocemente verso il centro perché avevamo deciso (o meglio, *io* avevo deciso e cercato di convincere poi) che saremmo andati all'Opera a vedere lo spettacolo delle colonne sonore di Baz Luhrmann. Troppo tardi, spettacolo già iniziato e l'entrata, anche se posticipata, costava 70$. Inutile dire che io li avrei comprati comunque. "Dai, sono troppi soldi, per lo spettacolo già iniziato. Ci andiamo in Malasya con quelli." Al che, ho rimesso via il portafoglio e siamo usciti a passeggiare sotto le stelle.

03 Maggio 2014
Sydney, NSW

Appuntamento con Federica e la sua scoppiettante famiglia a Watson Bay. Giornata grigia e nuvolosa ma qualche fetta di pane e nutella e la simpatia delle sue bambine mi fanno tornare il sorriso. «I like your long hair» mi dice la più piccola e si avvicina pian piano finché riesco a prenderle la mano e coccolarla un po'. *Quanto adoro i bambini.*
Si parla di noi, del nostro viaggio, dei nostri prossimi progetti e programmi futuri. Ci salutiamo. *All the best,* Federica. A te e alla tua meravigliosa

famiglia.
Prima di andarcene, facciamo la passeggiata panoramica fino a *The Gap*. Spettacolare. Che sconfinatezza. Prendiamo del delizioso *fish&chips* lì al porto con la non-ancora-provata ma intrigante *ginger beer* e ce la gustiamo tutta mentre siamo sul *ferry* che ci porterà a *Cirqular Quay*. Piove, l'aria pungente in viso, la birra fresca. Proprio come dei veri lupi di mare, penso.

Una volta arrivati, passeggiamo per i mercatini *vintage* di The Rocks, compro qualcosa, giusto due braccialetti. *Quanto adoro i mercati*. Tutte quelle cianfrusaglie, quella *chincaglieria*, il cibo, i profumi, la gente. Tutto sta nel mercato, l'essenza e la personalità di una città. Decidiamo poi che sarebbe stato bello dire di aver attraversato a piedi tutto l'Harbour Bridge, così saliamo dall'unico accesso al ponte lungo George St, su The Rock. Che opera. Che maestosità. Che imponenza. Ben sedici persone sono morte per costruirlo e sono ricordate in una lapide circa a metà del ponte. Prima di dare l'ultimo saluto a Sydney, entriamo in una chiesa, ci accolgono da *brother and sister*, da fratelli. È una chiesa anglicana, l'altare è pieno di strumenti musicali. Chitarra, batteria. Sembra tutto pronto per una grande festa. Ci invitano a restare per la serata, ma noi dovevamo partire. Ringraziamo, ci ricordano che siamo tutti fratelli e ci augurano il meglio per il nostro viaggio. *Arrivederci,* l'unica parola italiana che sapevano, ci dicono. Noi partiamo per New Castle. *Arrivederci,* Sydney.

Il viaggio nel viaggio, parte II. Tra oceano, tramonti, lavanderie, birre e sanguisughe

04 Maggio 2014
New Castle, NSW

Sistemazione per la notte trovata; in un piccolo parcheggio vicino alla spiaggia, con altri *van*, lontano dal centro. Un vento forte, che faceva fischiare le foglie. Ci infiliamo dentro al sacco a pelo e dormiamo. O almeno, cerchiamo. "Uffa, domattina mi sveglierò col mal di collo" penso. Ancora vento. Troppo vento. La tempesta che sbatocchia la macchina, i finestrini che vibrano un po' e il rumore di piccole trombe d'aria si infrange sugli arbusti secolari e sulle mura dei bagni pubblici a fianco a noi. Un po' d'angoscia sulla pelle che pian piano lascia spazio ad un sonno profondo e ristoratore.
Ci svegliamo, cielo grigio, i panni sporchi che puzzano in macchina. *Oh, God.* Abbiamo davvero bisogno di una lavanderia, così raggiungiamo quella più vicina e mentre aspettiamo la fine dei lavaggi, spalmiamo *crumpets* di marmellata e nutella e sfoglio qualche rivista di gossip australiano qua e là. Più tardi, appuntamento con Beatrice alla *Chocolateria Cocomedè.* Prendiamo la fonduta di cioccolato al latte, quella dove puoi far affogare dentro al cioccolato pezzetti di melone, anguria, banana, avocado e *marshmallows. So yummy!* Si parla di viaggi, di studi, di psicologia, di ingegneria, del perché ho studiato cinese e *invece* sono in

Australia, di *coachsurfing.com*, soluzione cheap per viaggiare avendo un divano o un letto gratuito da chi deciderà di ospitarvi, e delle nostre prossime tappe. Nel pomeriggio ci accompagna alla Blackbutt Reserve dove vediamo koala e vombati nella più libera selvaggia natura, oltre alla gran cacofonia di uccelli (non vedevo l'ora di usare questo termine. Il copyright va alla Lonely Planet!) che ti svolazza attorno nelle serre tropicali.

Partiamo per Kendall, (Swans Creek Crossing), free camping, dove affamati, montiamo la tenda, prepariamo la *pasta al pomodoro* e ci godiamo il cielo stellato tra il silenzio della notte e qualche rumore di animaletti saltellanti tra il bush.

05 Maggio 2014
Kendall, NSW

Ci svegliamo di buon'ora e dopo un'abbondante colazione andiamo a passeggiare per il bush. Scegliamo il sentiero che ci sembra meno battuto, ma comunque segnato. Raggiungiamo le cascate attraverso la piccola giungla tropicale fatta di fiumiciattoli stagnanti e un terreno forse troppo difficile per noi (dicono che più ci sia difficoltà nel raggiungere la meta, più la sorpresa all'arrivo sia grande... Sarà così? Finora, ogni vista, ogni posto e ogni meta hanno sempre ripagato lo sforzo per arrivarci; quindi direi di sì). Mi arrampico un po' su qualche tronco, mi spingo un po' in là, verso il fiume. Come non avere di nuovo un istinto così primitivo? Come non voler riconciliarsi in qualche maniera a madre natura? Come non ritrovare sé stessi in mezzo al nulla più incontaminato?

The clearest way into the Universe is through a forest wilderness, qualcuno diceva. Caspita, se è vero! *La sensazione di essere non come essere umano ma come essere vivente in armonia con tutto quello che ti circonda e ritrovare la tua essenza, quella più pura e leggera in una natura che non osa nemmeno sfiorarti con un dito ma ti entra dentro così prepotentemente da farti salire in alto, gonfiarti i polmoni di libertà e farti riscendere a terra completamente in pace con te stesso e pienamente cosciente di quale sia il tuo posto nel mondo.*

Una volta tornati alla tenda, sento un po' di prurito in giro per il corpo. "Saranno le solite zanzare", mi dico, iniziandomi a grattare. Arrivo alla caviglia, sento qualcosa. O meglio, sento qualcosa che non faceva parte di me. Un corpo *estraneo* sul *mio* corpo. Cerco di mantenere la calma e faccio appello alla pace dei sensi: niente da fare. L'agitazione prende il sopravvento quando realizzo che c'è *qualcosa* attaccato alla mia caviglia. Urlo. Mi agito. Urlo ancora. Arriva lui. "Fortuna che ci sei tu" penso. Al che, cerca di staccarmi la *cosa,* che non vuole staccarsi. Uno strattone e si stacca. Sangue ovunque. Credo che sverrò, così almeno non vedrò tutto questo sangue. Schiaccia la *cosa* con la scarpa, ma questa striscia ancora. Marroncino-nericcia lunga qualche centimetro, bella grossa e strisciante: orripilante. La schiaccia con più forza, quasi divertito da tutta questa situazione, finché la *cosa* scoppia ed esce una pozzetta di sangue. Il *mio* sangue. «È una sanguisuga!» urla lui, esultante come un eroe. "Oh bene" penso. «Ma sono velenose? O mio Dio, ma si muore per il morso di una

sanguisuga?», chiedo io da campeggiatrice ancora in erba. «No tesoro, non si muore. Mettiti un cerotto e rilassati.»
Vorrei vedere se fosse capitato a *te.*

06 Maggio 2014
Byron Bay, NSW

Di nuovo in viaggio e decidiamo di fermarci a fare colazione a Port Maquaire, nel delizioso caffè consigliato dalla guida, al *Cedro.* Weak latte e french toast con mela irrorata di sciroppo d'acero e crispy bacon; cappuccino e hamburger con patatine e insalatina fresca. Sì, credo mi mancherà molto la colazione australiana, un giorno. Una passeggiata al porto, qualche fotografia alle frasi che gridano giustizia scritte a calce sul molo e si riparte per altre cinque ore di guida fino a Byron Bay. Quanta aspettativa creano le storie raccontate da altri? Quanta aspettativa creano le esperienze vissute in prima persona e tutti i dettagli ricamati ad hoc per rendere più colorata la storia? Quanta aspettativa creano le aspettative stesse? Ecco, di Byron Bay ce ne avevano parlato, ce ne avevano decantata la bellezza e la particolare atmosfera hippy che la caratterizza, ancora da quando vivevamo a Melbourne. Byron Bay, tappa obbligatoria per eccellenza per un backpacker, tappa per eccellenza per chi fa tappa in Australia. Parcheggiamo lungo la spiaggia, e nello scendere, la porta della macchina a fianco mi ostruisce il passaggio. «Sorry» mi dice, con una doppia *r* forse troppo marcata. «No worries man» rispondo tranquilla. Arriviamo ai tavolini e iniziamo a chiaccherare tra noi. «Ah ma siete italiani!» ci dicono i ragazzi della macchina a fianco. Italiani. Guarda un po'. Che novità! Quasi quasi rispondo «*Ich bin Deutsch.*» Ma no dai. Gli italiani fanno sempre *casa*. Gianni e Alessandro, piemontesi, arrivati a Byron Bay come loro prima tappa e ancor prima di trovare lavoro hanno investito i loro soldi in una tavola da surf da 1500$. Scelte. Noi ci prepariamo una frittatina, loro mangiano cibo in scatolette, *noodles* per la precisione. Quelli da 1$ a scatoletta che vedi al *Coles* al reparto 'Asian Food', proprio quelle che tra te e te pensi "esisterà qualcuno che effettivamente le compri?" Nella vita reale intendo. Ebbene sì. Ci danno qualche dritta su dove andare a dormire la notte, l'unico posto dove la polizia non disturba è la *rest area* tornando sulla Highway. Li salutiamo e ci diamo appuntamento al giorno dopo, nella meravigliosa spiaggia di Byron Bay.

07 Maggio 2014
Byron Bay, NSW

Una delle cose da fare assolutamente se si passa per Byron, è la camminata che porta fino al faro. A metà percorso avevo già il fiatone, ma una volta arrivati, la visuale è a dir poco mozzafiato. Si può raggiungere il punto più a est del *mainland* australiano, ammirando una sconfinatezza oceanica senza paragoni. Nel pomeriggio non vedevo l'ora di crogiolarmi al sole, lo desideravo da settimane, dopo che il freddo era arrivato a

Melbourne e le ore di sole erano ormai poche durante il giorno. Finalmente ero a Byron Bay e avrei potuto godermi interminabili ore sotto al sole cocente...
Tutto questo, se solo, dopo aver steso il mio *così europeo* telo da mare sulla sabbia bianca, non avesse iniziato a piovere. “Un po’ di pioggia che vuoi che sia”, mi sono detta. E rimango distesa, quasi nessuno in spiaggia, solo i surfisti con la tutina nera attillata addosso; e io, testarda nel mio proposito di abbronzarmi anche senza sole, anche con la pioggia. Vento. No, il vento no. Uffa. Mi alzo, scoraggiata e me ne torno in campeggio dove una bella doccia calda e un bbq tra amici mi stava aspettando. “Domani farà bel tempo” mi dico, addormentandomi speranzosa.

08 Maggio 2014
Nimbin, NSW

Niente da fare. *Unlucky me*, penso. Pioggia quasi come se non ci fosse un domani. Strauffa. In questi casi, l'unico modo per tirarsi su di morale e vivere comunque la città è fare del *buon-sempre-e-comunque-sano* shopping! Da quanto non facevo shopping. Da Melbourne. Anzi, da prima di decidere di partire, quando ho iniziato a risparmiare dollarino su dollarino. Sì, ora me lo merito. *Che negozi hippy meravigliosi.* Da quando sono in Australia mi piace un sacco portare quei pantaloni un po’ larghi ovunque, che non si sa bene se siano gonna o pantaloni, tutti colorati, comodissimi, del tessuto del sacco di patate, per intenderci. Li *adoro.* Entro nel negozio della Billabong e compro una felpa, degli shorts forse troppo scosciati e un top forse troppo corto. *Beautiful!* Giornata salvata. Il tempo però continua ad essere *bad enough* da farci decidere di lasciare prima del previsto la baia dei surfisti e guidiamo un'oretta verso l'interno per raggiungere la forse non così famosa Nimbin.

Da quando sono in Australia, il mio modo di pensare si è aperto, i miei orizzonti si sono allargati, sono più accondiscendente agli eventi e meno giudice degli stessi. Cerco di comprendere ciò che *accade*. Quindi, cercherò di essere aperta anche a questa città, mi dico. Nimbin, città degli hippy per eccellenza, trecentoventun abitanti (dice la guida) dove tutti fumano tutto, anche l'aria che respirano. Mardi Grass Festival, lo chiamano. Il giorno in cui tutta la città alle 16:19 si ferma dal lavorare (anche se la maggior parte è disoccupata) per fumare marijuana. Scesi dalla macchina, l'odore è palpabile nell'aria.
L'aria che respiro sa di fumo, direi, *è* fumo. Decidiamo di visitare il museo, posticino alquanto spettrale con molti manifesti e video sulla legalizzazione della marijuana. Non ho mai fumato marijuana, veramente non ho mai fumato nemmeno una sigaretta; ma mi ero ripromessa che sarei stata *open-minded* e non avrei fatto critiche a (s)proposito. Ma *proprio* non ce l'ho fatta. L'aria era irrespirabile e così pesante e negativa che non vedevo l'ora di andarmene. E non parlo della marijuana di per sé, parlo della negatività che era palpabile nell'aria, delle persone. Di come mi sono sentita pesante e senza energia una volta *dentro* la città.

Ci fermiamo al coffee bar, ordino una cioccolata e il ragazzo mi dice *one moment.* Al che, si rivolge alla signora dietro di lui e chiede "come se fa la cioccolata?" Italiani anche a Nimbin. Pazzesco.
Così facciamo due chiacchere, i ragazzi (sono di Padova!) ci dicono che prima lavoravano in città ma non erano riusciti a risparmiare nulla.
Lavorare, guadagnare e spendere in droga. Un giorno, erano arrivati al limite, ci hanno raccontato. Hanno incontrato poi la signora che ora sta dietro al bancone, che li ha salvati, invitati a vivere a Nimbin e ora gli dà un lavoro e una casa. Ma sono ancora senza soldi e l'unico obbiettivo della loro giornata è riuscire a procurarsi a tutti i costi qualche grammo della loro felicità.
I bambini qui girano semi-nudi per strada, entrano nei negozi dove si vende l'erba; i bambini crescono così a Nimbin.
Cammini per strada e la gente vorrebbe venderti di tutto. *In bocca al lupo ragazzi,* gli abbiamo detto, andandocene dal bar, da questa cittadina strana e altrettanto misteriosa. Noi andiamo a Surfers Paradise.

Volevo essere oggettiva scrivendo di Nimbin, ma non ci sono riuscita.
Il ricordo che ho di quell'esperienza mi fa essere critica e qui sopra c'è il mio pensiero. *Qui* ci sono io.

09 Maggio 2014
Surfers Paradise e Brisbane, QSL
(finalmente, Queensland – The Sunshine State!)
"Sarebbe bello provare a fare i pancakes sul fornellino a gas" ci dicevamo. Detto fatto, barattolino da 2,50$ al Coles, e via di padellina bruciata sulla spiaggia del Surf. Una passeggiatina in centro, un caffè al 7/11 e una bella camminata in spiaggia. Tira un vento cane, neanche oggi prendo il sole. Però, che panorama. I grattacieli si stagliano imponenti su una lunga striscia di spiaggia punteggiata di palme qua e là. Natura e città assieme. Non sono ancora stata a Miami, ma credo ci assomigli molto. La skyline a picco sul mare. Ricorda molto quelle scene di film americani anni '80 dove le ragazze girano per il lungomare con i pattini, il top rosa e un fiocco in testa, mentre i ragazzi fanno del buon surf sfoderando fisici da *quanto-ben-di-dio.* Dopo mezza giornata decidiamo che era abbastanza e ci avviamo verso Brisbane, solamente ad un'ora e mezza di strada, per fermarci almeno un paio di giorni.

Il problema delle grandi città è che non sai mai dove parcheggiare. Parcheggi a pagamento, ovunque. E il parcheggio che paghi è solo per un giorno; neanche da immaginare se vuoi stare più giorni. E dove avremmo potuto dormire, idem. Mi viene un'idea, speriamo funzioni. Ci infiliamo nel parcheggio sotterraneo dell'Università di Brisbane, a fianco ai Botanic Gardens. Sono 40 $ per più di 10 ore di parcheggio. Ciò significava che se avessimo lasciato lì la macchina per più giorni sempre quello sarebbe stato il prezzo. E l'idea

geniale sarebbe stata quella di dormire in macchina, dentro al parcheggio. Usciamo, fieri della nostra splendida trovata. Dopo un breve giro della città, ci facciamo una birretta in un pub, la tipica *xxxx Ale gold*, mentre tra una risata e l'altra mi viene spiegato cos'è il football australiano e le *differenze* con il soccer e il rugby. Credo che *I can't get it,* renda molto bene l'idea italiana di "non afferro il concetto". Queste cose non le capirò mai. Non è nel DNA di una donna capire il fuoricampo o l'importanza di mantenere il silenzio durante una partita. Semplicemente, *mens' stuff.* Scopriamo che di venerdì sera ci sono i mercatini vintage a Southbank, zona meravigliosa piena di vita, artisti di strada e bancarelle che profumano di cibo. "È da tanto che non ci concediamo una cena fuori... dai" dico. Sì. Decidiamo per la Steak House con musica dal vivo e tra una grigliata e qualche birra (sì, parecchia birra oggi!) l'atmosfera è davvero piacevole, anzi frizzante. Le risate sono più facili, le barriere si abbassano. La complicità è palpabile nell'aria. Parliamo un sacco; parliamo di noi, di come ci siamo conosciuti, di come abbiamo deciso di partire e di quanto poco basti per essere felici.
Davvero poco.
[...]
Ah sì, nel parcheggio dell'università stavamo soffocando dal caldo. La nostra era l'unica macchina rimasta. A metà notte abbiamo deciso di uscire e andare al fresco riparo di qualche albero secolare fuori città.

10 Maggio 2014
Brisbane, QSL

Leggiamo che la vista dal Mount Cook dev'essere spettacolare, così arriviamo fino al bar lì sopra e ci concediamo un caffè. Effettivamente, il panorama non è per niente male. Si ammira Brisbane in tutta la sua bellezza, ancora in crescita. Oggi è sabato e ci sono i mercatini a West End dove si susseguono bancarelle di cibo internazionale, gente che beve dal proprio cocco in mano (non vedo l'ora di farlo anch'io, su una bella spiaggia, in qualche posticino tropicale!) e venditori che urlano prezzi imbattibili da dietro il bancone della frutta e verdura. Compriamo fragole, avocado e banane. Ah sì, compro anche un orologio. Molto carino. Stile vintage, cinturino in pelle con dettagli in arancio e bronzo e qualche ciondolo color oro usato che fa rumore. Lasciamo Brisbane per la meravigliosa Noosa, a due ore di strada. Ho bisogno di una doccia, scegliamo il *Camping Holiday Park Noosa,* dove montiamo la tenda esattamente di fronte all'estuario del Noosa River.

11 Maggio 2014
Noosa Heads, QSL

Finalmente di nuovo natura. Io ne sento la necessità. Dopo giorni di città, tra un'infinità di ore di guida, grattacieli e non so davvero quanti km fatti a piedi, quasi mi mancava l'aria. Ci svegliamo con in bocca l'oceano e facciamo colazione a dei ritmi davvero lentissimi. La giornata di oggi, avevamo concordato, sarebbe stata di *sole e mare.*

Scegliamo la piccolissima baietta a fianco al camping. Eravamo noi, le anatre e gli ibis. Anche se non vorrei pensarci, ogni tanto il pensiero di cosa farò quando tornerò in Italia mi risuona nella testa come un martelletto anche piuttosto fastidioso. (Perché io voglio tornare in Italia, vero?) Quante cose succedono in così poco tempo, e quanto poco ne hai per comprendere il passare del tempo stesso. È per questo che scrivo e che prego. Mi aiuta a fermare il tempo, a non lasciarmi scivolare le cose addosso. Ho imparato a fermarmi molto più spesso. Si corre troppo, a volte. Ho capito che qualcosa di nuovo c'è, e che *probabilmente* tornerò in Italia. Perché le carte in gioco cambiano ogni singolo giorno. Perché il progetto che faccio io oggi, magari non è *Il* progetto. E quando quello che con tanta fatica avevamo programmato non accade, allora cade il palco, malediamo chi di dovere e ci crogioliamo nella nostra stessa inettitudine. Sì, credo tornerò in Italia. Però forse potrei rimanere qui ancora per un po' di mesi.
«Sarei ipocrita se dicessi che non mi farebbe piacere che tornassi in Italia con me.» Arrossisco. Mi si scalda il cuore. «Ma la scelta sta a te.» Grazie, ovviamente. Come sempre. *Up to me.* Aspettiamo il tramonto del sole, e mentre i miei pensieri iniziano a viaggiare vagabondi tra una sponda e l'altra, i suoi colori caldi pian piano scompaiono nel blu dell'oceano.

Il viaggio nel viaggio, parte III.
Quando impari a navigare anche senza bussola, con solo un paio di sorrisi in tasca.

12 Maggio 2014
Bundaberg e Yandaran, QSL

Si riparte. 3 orette di guida e siamo a Bundaberg, chiamata affettuosamente *Bundy* dai suoi abitanti, costellata di piccoli appezzamenti e piantagioni di canna da zucchero, da cui ha origine il famoso *Bundaberg Rum* pubblicizzato dall'orso polare, altrettanto emblematico della *tradizione* australiana quanto le barrette al cioccolato TimTam o della pasta spalmabile Vegemite. Qui molti giovani arrivano per cercare lavoro nelle *farm* della zona, per poter impegnare le loro energie nel raggiungimento degli ottantotto giorni che servono per avere la preziosissima ricompensa, ciò a cui tutti i giovani immigrati stranieri ambiscono: il secondo Working Holiday Visa, il visto per il secondo anno in Australia. "Dovrei farlo anch'io", penso. "Almeno per darmi un'opportunità per il futuro, una porta aperta in più nel caso volessi tornare. Ma quando? Non c'è tempo. *Non c'è tempo.* La più amara constatazione che uno possa mai fare quando è in viaggio. Vorresti vedere centinaia di posti, mangiare in centinaia di ristoranti, camminare in centinaia di spiagge, parlare con centinaia di persone, visitare migliaia di luoghi e magari essere anche in due posti nello stesso momento. *Vorremmo* un sacco di cose. Ma bisogna scegliere. E allora ti rilassi, ti lasci portare dal cuore e come andrà andrà, ci si gode il momento. Non credo di aver mai abbracciato così tanto il *carpe diem* come in questo viaggio. Dopotutto, il nostro futuro è fatto di tanti piccoli oggi (ricordo di aver letto da qualche parte). Così, dopo aver visto il sonnolento e pigro centro di Bundy, ci avviamo verso il free camping (5$ per la doccia che *avrebbe dovuto* essere calda) a **Yandaran** e una volta arrivati, con il benvenuto del cane dei vicini, ci accampiamo. Di fronte a noi un tizio, che con una torcia andava ispezionando una macchina, grugnendo di tanto in tanto e muovendosi in maniera piuttosto strana. Si alza, si abbassa, si distende sull'erba e poi scompare. Poi torna di nuovo. "Bah, secondo me è a caccia di fantasmi" esordisce il mio simpaticissimo e rassicurante compagno di viaggio. Ma per favore. Già il posto di per sé mi inquieta un bel po'. Decidiamo di smorzare la tensione con una buona cena calda, cotolette a forma di cuore (lo so, a forma di cuore... ma erano *così* carine) che avevamo comprato nella "*gastronomia*" del paese. E seduti sulla sua sedia da campeggio, (perché si sa, in due anche se più stretti si sta meglio!) alziamo lo sguardo al cielo, con il riflesso della luna in fronte, ad ammirare estasiati quel manto scuro puntellato di piccole luci in lontananza che ti avvolgono con quel calore che solo un abbraccio di stelle può farti sentire così strafottentemente felice.

13 Maggio 2014
Agnes Water, Town 1770, QSL

Prima di ripartire, dobbiamo cambiare il *cooler* alla macchina. Da quando abbiamo fatto i check up a Sydney che dovevamo farlo. «Basta che fai così così così ed è fatto. Chiaro?» aveva detto il meccanico. «Certo, lo faccio io. Ci metterò un secondo. È una *cavolata*», risponde lui. Uomini. Credono sempre di saper far tutto. Ma va bene, diamogli fiducia. Cambiare un antigelo non dovrebbe essere un'impresa da superuomo. Così, dopo aver chiesto la cassettina degli attrezzi ai nostri vicini di tenda, si toglie la canottiera e si mette sotto alla macchina. Dopo un quarto d'ora, un crick rotto e un po' di grasso nero sul petto, esce, sentenziando che servirebbero *altri* tipi di attrezzi che purtroppo non abbiamo e che la macchina... *blablabla*. Uomini. Cosa vi costerebbe ammettere che non siete capaci di cambiare un antigelo? Noi vi vorremmo *comunque*. Anche solo per il fatto che continuate a volerci bene dopo che vi chiediamo per l'ennesima volta «Ma qui ho la precedenza io o l'altro?»

Rimesso in macchina l'antigelo non ancora cambiato, in un'oretta siamo ad **Agnes Water** dove ci godiamo un sonnellino ristoratore in un'incantevole spiaggia di sabbia bianca, ahimè coperta dalle nuvole. Più tardi ci spostiamo alla cittadina gemella, **Town 1770**, dove il capitano James Cook compì il suo primo sbarco nel Queensland. Ci sediamo su uno dei tanti scogli affacciati sull'oceano, per accingerci a una delle nostre attività preferite da quando siamo in viaggio... ammirare il tramonto. Non credo di aver mai visto tramonti così belli in tutta la mia vita. Oh,

ma aspetta. Credo di non essermi mai veramente fermata a guardarli. Ecco perché.
Ripartiamo e in due ore e mezza siamo a **Rockhampton**. È già buio pesto e decidiamo di fermarci in zona residenziale dietro ad un altro furgoncino di ragazzi in viaggio. È una sorta di compagnia silenziosa; anche se non ci parlerai, sapere che *qualcun'altro* c'è ti rassicura in qualche modo. Nessuna voglia di tirare fuori tavolo, sedie, pentole e tutto l'*ambaradan*. Quindi, mi metto a spalmare di Philadelphia qualche galletta di riso e ce ne andiamo a dormire.

14 Maggio 2014
Rockhampton e Yepoon, QSL

A Rocky (agli australiani piace accorciare tutto), dove le grandi immagini di bovini disseminate in ogni parte della città non lasciano dubbi che questa sia "la capitale australiana del manzo", si può percepire un'atmosfera western tutta cappelli a tesa larga e stivali da cowboy. Per noi, colazione al caffè dei Botanic Gardens con *pancakes* e small *brekky*, assaporati all'ombra di un gigantesco banano, in compagnia di un curioso e coloratissimo *uccellino* che accingendosi pian piano al mio piatto, è riuscito a conquistarsi la nostra simpatia e anche un po' del mio sciroppo d'acero. Dopo un giro in centro, abbiamo concordato che fosse abbastanza, e siamo partiti per **Yepoon**.
Il tempo direi che è stato decisamente *shity, ruffy, cloudy, rainy.* Non sapevamo davvero che fare, finché decidiamo per una passeggiata in spiaggia.

Tra il grigiore del cielo e il bianco della sabbia, guardare verso l'orizzonte ti destabilizza un po'. Non c'è punto di stacco, cielo e terra sembrano un tutt'uno. Sono un tutt'uno. Il tempo non passava più. Finalmente arriva l'ora di cena e ci catapultiamo sotto al barbeque coperto (pioveva che Dio la mandava). Un van si ferma accanto alla nostra Nissan. Uh, abbiamo compagnia stasera! Una coppia di ragazze italiane, piuttosto scoppiettanti e un po' *solo-noi-abbiamo-viaggiato-solo-noi-sappiamo-il-segreto-della-terra,* ma tutto sommato simpatiche. Era il loro secondo viaggio qui e la loro esperienza in Australia era stata per lo più nelle farm, tra banane, ragni *redback*, pomodori e serpentelli. Tornate in Italia, dopo poco tempo sono ripartite. "Un'altra vita qui. Non riuscivamo più a lavorare nel solito bar del paese." Eh sì. È questo che fa l'Australia. Crea *dipendenza.* Una strana dipendenza alla vita. Ceniamo assieme, e mentre la marea si alza, continua a piovere. Le acque del mare salgono, non c'è più bagnasciuga. Fa un po paura il mare. Continuo ancora a chiamarlo mare. Sarà che sono abituata al mio mare Adriatico. "Oceano Alice, questo è oceano". Dicevo, fa un po' paura. Incute timore e sicurezza al tempo stesso. È una potenza, uno dei quattro elementi, può distruggere e dare alla vita, può spazzare via e può serbare meraviglie nei suoi fondali per millenni. Per la notte ci spostiamo al parcheggio del porto di Roslynn Bay, dove il giorno dopo ci saremo imbarcati per Great Keppell Island.

15 Maggio 2014
Great Keppell Island

9.15 am: si parte! Zaino in spalla, macchinetta fotografica subacquea (grazie mamma! Non vedevo l'ora che arrivasse il momento d'usarla!), telo da mare e occhiali da sole. *Yes.* Viaggio in traghetto con il mare abbastanza mosso da far distribuire ai gagliardi e muscolosi stewards di bordo, sacchetti per il vomito ai poveri passeggeri che avessero avvertito mal di mare. Mentre io cercavo di trovare lo *zen* con tecniche di concentrazione un po' improvvisate per assopire la sensazione di rigetto che dallo stomaco mi arrivava alla gola, a fianco a me, il mio aitante lupo di mare stava già vomitando dentro al suo sacchettino. Dicono che se esci, stai in piedi e ti concentri sul rumore del mare, dovrebbe passare. *Dicono* anche che sia tutto collegato all'udito. Una volta che riesci a domare quello, non avrai nessun disequilibrio allo stomaco. Ci offrono la colazione e poi sbarchiamo sull'isola. Passeggiamo per la spiaggia, cerchiamo di aguzzare la vista per vedere qualche pesce dalla *glass bottom boat,* una barchetta col fondo di vetro da cui *dovresti* vedere i pesci e la barriera corallina. Oggi, l'acqua è piuttosto *foggy,* ci dice la guida. Ma che fortuna. Ritorniamo alla nostra barca dove pranziamo con un buon barbeque e della frutta tropicale fresca. È arrivato il momento che aspettavamo, la Grande Barriera Corallina. *Let's snorkeling!* Mi infilo dentro ad una tutina nera attillatissima, sputo nella maschera (ci hanno detto che è così che si fa perché non si appanni poi sott'acqua), la immergo un attimo e me la sistemo.

Ci dicono di restare vicino alla barca, più che altro davanti e di esplorare quella zona lì; anche se, i coralli più belli, *giustamente*, si trovano vicino alle rocce, e di stare attenti alle correnti. Non sto più nella pelle, pinne infilate e mi tuffo. La sensazione di nuotare tra branchi di pesci è meravigliosa anche se mi inquieta un po'. "Chissà cosa pensano di me tutti questi pesci" mi chiedo. Comunque sia proseguo, e come una bambina, guardo ed esploro colori, forme, vite. Finché mi lascio trasportare dalla bellezza dei coralli più colorati, do qualche *spinnata* e mi spingo oltre. Sento che la corrente è un po' troppo forte, in effetti sono arrivata alle rocce. Cerco di tornare indietro, nulla da fare. *Come al mio solito.* Alzo la mano e, dopo poco, arriva un gommoncino arancione tutto per me, con sopra il gagliardo e muscoloso steward. «*You've swum away off to the rocks.*» Lo so. «*Jump in*» mi porge la mano e mi riaccompagna con il gommoncino alla nostra barca. Ritorniamo sulla terra ferma, viaggio di ritorno decisamente più tranquillo; e guidiamo fino al free camping di St. Lawrence, dove una doccia calda gratuita ci stava aspettando dopo una giornata molto intensa e decisamente entusiasmante.

16 Maggio 2014
Mackay, QSL

Decidiamo di fermarci a Mackay semplicemente perché in bisogno di lavanderia. Dividiamo bianchi, colorati. Detersivo, monetine, *start*. Nulla. Riproviamo, nulla di nuovo. Rimettiamo altre monetine. *Nothing at all.* Chiamiamo il proprietario della lavanderia, dice che sarà qui *as soon as possible.* Nel frattempo ci sediamo, leggiamo un po', facciamo conoscenza con una coppia di tedeschi in viaggio come noi. Ci raccontano che per la loro prossima tappa, ad Airlie Beach, andranno a fare un giro attorno alle isole con la barca di un ragazzo australiano. Wow. Chiedo loro come hanno fatto a trovare quest'opportunità e rispondono semplicemente «*Gumtree, man.*» Giusto. Tutto quello che puoi immaginare, lo trovi su gumtree. "Proverò anch'io a cercare qualche affare" penso tra me e me. La mattinata è passata e del proprietario della lavanderia nemmeno l'ombra. 20$ andati in lavatrici non fatte, di vestiti ancora bagnati di detersivo e rimessi in macchina. *Fuck.* Come iniziare di pessimo umore la giornata.

Solo qualche giorno dopo avremmo realizzato che se le lavatrici avessero funzionato, non ci saremmo trattenuti in lavanderia così a lungo da poter conoscere quella coppia di tedeschi che ci aveva dato il preziosissimo consiglio di cercare su gumtree gli annunci della gente locale, e non avremmo potuto vivere la meravigliosa esperienza con Nui nei giorni seguenti. Coincidenze? Ognuno le chiami come vuole. Per me è semplicemente tutto così meravigliosamente *calcolato* al millimetro che ogni tassello si inserisce perfettamente a fianco all'altro. Tutto ha così *senso.* Arriviamo finalmente al camping di Airlie Beach, dove montiamo la tenda, cuciniamo la *nostra-così-amata* pasta e andiamo a dormire. Esausti, sereni, felici.

17 Maggio 2014
Airlie Beach, QSL

"Nui" si è firmata, la persona che avremmo dovuto incontrare al *New Zeland Ice-cream* quella mattina. Avevo trovato un annuncio particolarmente interessante su gumtree, di qualcuno che metteva a disposizione il proprio catamarano di 12 metri per fare il giro delle Whitsundays Islands aiutandolo a navigare la barca; così l'ho contattato e disponibilissimo, abbiamo fissato l'incontro. Non sapevamo chi aspettarci; dal nome ero quasi sicura che si sarebbe presentata una bella donna dai tratti asiatici. Eccolo che arriva. Uomo, media statura, muscoloso, abbronzatissimo, brizzolato, occhi verdi, infradito e pantaloncino *Billabong.* Ci dice che non è uno dei soliti tour organizzati di gommoni gialli strapieni di turisti che bevono e ballano e pagano un occhio della testa per vedere solo da lontano la bellezza di quei posti. Per 40$ a testa al giorno ci avrebbe portato a visitare l'Arcipelago di isole che si trova davanti ad Airlie Beach, le Whitsundays. Ci avrebbe insegnato a navigare, a capire il vento, a timonare e a conoscere il suo catamarano. Parte dell'equipaggio sarebbero state una coppia di ragazze francesi, una vera coppia. Ci porta a vedere la barca dicendoci che l'imbarco sarebbe stato per domenica e che il giorno di ritorno si sarebbe visto strada facendo; previsti quattro giorni. Ovviamente accettiamo. Quando ci ricapita più di salpare con un capitano maori (si, maori. È un *kiwi – neozelandese* – di origine maori), una coppia di ragazze francesi e vivere la vera vita da marinai lupi di mare?

Mentre cominciavamo a organizzarci mentalmente su quanto cibo avremmo dovuto portare con noi, facciamo un giro per la frizzante Airlie, piena di negozietti carini (non potevo non fermarmi alla Billabong e comprarmi una felpa, ne avrei di certo avuto *bisogno* durante i giorni in mare. Non che non avessi felpe, ma un viaggio così meritava una nuova felpa!), pub, spiaggie, piscine e prati ben curati incorniciati da altissime palme verdi come in una cartolina delle vacanze estive. "Qui è inverno ora" ci dicono, mentre ci godiamo i piacevolissimi 23 gradi fuori e l'aria condizionata nei locali. Ci fermiamo al *Magnus,* il pub più vivo della città. Una buona birra (1 jug 10$ durante l'happy hour, dalle 3 alle 5pm), racconti di noi, desideri di viaggi e musica nell'aria. Mi piacerebbe andare anche in Sudafrica un giorno, ma perché non andiamo in Nuova Zelanda dato che ce l'abbiamo qui vicina? Anche in India non sarebbe male, una mia amica c'è andata! Un giorno facciamo anche il giro in bicicletta per le distese verdi dell'Irlanda! Oh, il Sudamerica, la terra del fuoco! Ci guardiamo. Gli stessi occhi che brillano di vita, cuori che fremono di sogni. *"Hey ooh listen what I say ooh"* canta il chitarrista che sul palco imita i Red Hot. E un po' trasportata dall'eccitazione della seconda birra, mi sento libera e leggera, e canto sulle note di *Snow.*

18 Maggio 2014
Whitsunday Islands, QSL

Spesa per la sopravvivenza per i prossimi quattro giorni: fatta. Repellente per le zanzare: preso. Crema solare: presa. Fotocamera subacquea: nello zaino. Nel pomeriggio ci imbarchiamo cosicché saremmo stati tutti pronti per partire il mattino dopo di buon'ora. Facciamo conoscenza con le ragazze, Julia e Diane, sulla trentina, da Parigi, dopo essersi prese un anno di aspettativa dal proprio lavoro, stavano facendo il giro del mondo. Wow. Simpatiche, gentili, e... molto maschili. Le ricorderò sempre per i loro pantaloni che da lunghi diventavano corti grazie a una cerniera all'altezza del ginocchio. Corti al mattino e lunghi la sera perché faceva fresco. Per quanto *comodi,* davvero bruttini. *Anyway,* mentre la nostra pasta saltava in padella con ricotta e tomato sauce, loro condivano l'insalata alla francese e ci raccontavano dei loro viaggi prima dell'Australia: Laos, Cambogia, Malesia. Wow! Stavolta però ero io a sentire un po' il mal di mare. Devo abituarmi alla barca, mi dice Nui, devo "prendere" il mare. Anche se le avevamo portate via, non avevo intenzione di prendere pastiglie per il mal di mare; mi sarebbe passato da solo. Quindi mi metto a letto, apro la piccola finestrella a botola per lasciar passare un po' di venticello fresco, cerco di farmi cullare dalle onde dell'oceano e mi addormento.

19 Maggio 2014
Southern Mall Island, Whitsundays

Sveglia alle sette del mattino, si salpa! Navighiamo fino alla piccola isoletta di Southern Mall iniziando a capire le vele, a sentire il vento, ad essere pronti ad annodare e snodare le corde ai comandi giusti. "Tie the rope". "Untie". "Undo it" erano i comandi a cui dovevi rispondere da bravo *skipper* dell'equipaggio.

Dopo un paio d'ore arriviamo, e grazie al *dinghy* di Nui (la piccola barchetta a motore con cui ci spostavamo da una baietta all'altra), ci portiamo sulla costa e facciamo del vero *hiking* per 2 km e mezzo tra il verde e le sterpaglie raggiungendo un lookout davvero mozzafiato. Ci fermiamo poi ad imparare a rompere un cocco, cosa che, a dir la verità, non vedi l'ora di saper fare per poterla inserire come skill nel tuo curriculum: *so rompere cocchi.* Dalla montagna di cocchi ai piedi di una palma, a turno ne prendiamo uno, ci accingiamo al grande punteruolo di ferro lì vicino e cerchiamo di imitare Nui nei movimenti: infilzare il cocco, girarlo su sé stesso cercando di perforarlo e creare la crepa che lo farà... sì! Si è aperto! *I did it!* Orgogliosi di avercela fatta, finalmente gustiamo i nostri cocchi freschi. Abbiamo ancora qualche ora di sole e decidiamo di andare ad esplorare la baietta di fronte a noi. Ci sediamo sulle rocce in riva all'oceano, in una strisciolina di sabbia bianca completamente illuminata dalla luce calda del sole. Che spettacolo. Wow. Sembra un po' di essere dispersi. Noi soli su quella piccola baia, ad ammirare la bellezza di quel posto, ancora incontaminato. Torniamo sulla barca, ceniamo e ci godiamo una birra fuori tutti assieme, conoscendoci, parlando un po' di noi e ascoltando storie di mondo, profondamente felici e con quella brezza marina notturna che ci solleticava la consapevolezza che stavamo vivendo un'esperienza indubbiamente unica.

20 Maggio
Tongue Bay, Whitsundays

È stata una mattinata faticosa, quella. Di quelle che non ti aspetti, per capirci. Pensi che la cosa più faticosa che farai durante il giorno sarà svegliarti e sdraiarti e prendere il sole. *Sbagliato, baby.* Ha cominciato a piovere, a tempestare forte. E ci davamo il cambio per timonare, per cambiare le vele in base alla direzione del vento e si cadeva e ci si rialzava sul bagnato (in barca si vive a piedi scalzi!). E mentre tenevi il timone ben saldo tra le mani e sentivi le onde nello stomaco, dovevi far attenzione a non lasciare che la barca si avvicinasse troppo alla scogliera; il vento pungente in viso e la pioggia che ti entrava insistentemente negli occhi... che adrenalina. Un'adrenalina che nemmeno se te la iniettano in vena ti fa sentire così forte, così vivo, così invincibile. Tu contro il mare, contro la tempesta. *«You have to feel the boat»* diceva Nui. E dopo ben sei ore di navigazione, il cielo si schiarisce, le nuvole fanno posto ad un sole ancora timido e noi approdiamo a Tongue Bay a Whitsunday Island. Passeggiamo sulla Whiteheaven Beach, dichiarata dall'Unesco una delle spiagge più belle al mondo; ed effettivamente, ti lascia completamente senza fiato. Una distesa immensa di sabbia bianca che si mischia alle sfumature verdi e blu dell'oceano e della barriera corallina che fa da contorno a questo paradiso terrestre. Ci godiamo il tramonto distesi sulla prua della barca e poi, affamatissimi, prepariamo la cena. Pollo con del buon vino rosso. Perché si sa, il vino aggiunge sempre un sorriso all'amicizia e una scintilla all'amore. "Il vino è il secondo sangue della razza umana" qualcuno diceva. Ci si racconta, Nui si racconta. Ci dà lezioni di vita, di morte, delle malattie e di quanto spesso ci anestetizziamo con pastiglie copri-dolore, lamentandoci poi di non sapere la provenienza dei nostri mali. Non ci ascoltiamo *abbastanza*, è questo il punto. Ci parla della cultura maori, degli aborigeni e delle loro terre, del rugby e della hakka, la danza di guerra maori propiziatoria prima della partita. I maori, un popolo con un rapporto uomo-natura ancora primitivo, ancora primordiale, un popolo che ancora *sente*. Sente il mare, sente gli animali, sente il cielo. Un popolo che ricerca l'armonia e l'equilibrio con l'universo. Forte, sicuro di sé, in equilibrio, questo è Nui: *«Go, fly away, explore, live. You'll find your way.»*

21 Maggio 2014
Tongue Bay, Whitsunday Island

Alta marea, bassa marea. Una cosa importante da capire, dato che si ha un ciclo di maree ogni sei ore. Mattinieri, ci organizziamo per andare all'esplorazione: Nui ci aveva consigliato di attraversare a nuoto la bassa marea di Whiteheaven Beach, per raggiungere un tratto di spiaggia completamente inesplorato, dove saremmo stati solo noi e avremmo potuto fare un picnic. È stata un'esperienza fantastica; con la dovuta attenzione a non farsi pungere dalle mante e una buona dose di coraggio, il panorama che ti aspetta è semplicemente indescrivibile. L'azzurro cristallino dell'oceano si fonde con l'infinita distesa di sabbia bianca, quasi perlea. In lontananza, oceano e cielo si confondono, mischiandosi in una scala di colori dalle mille sfumature dal blu al verde, lasciando lo spettatore completamente senza fiato. Una sensazione di libertà e leggerezza ineguagliabile. Corro, è quello che ho voglia di fare. Corro, corro, corro.

Io, ora, qui. Chiudo gli occhi e cerco di tenere a mente come mi sento in questo momento, di creare già una sorta di "ricordo vivo" cosicché quando ne avrò bisogno, basterà richiudere gli occhi, e sarò di nuovo lì, a Whiteheaven.

Il pomeriggio prosegue con un po' di kayak. Che risate quando io, veloce come una saetta e in equilibrio, guardandolo, mi rigiro un momento dopo e lui scompare sotto al suo kayak rovesciato in un tentativo di remata troppo poco eroico! Quindi, decide che si sarebbe dedicato alla pesca, ben riuscita se non fosse che le mie belle cosce erano diventate carne fresca per le *sandflies* che aleggiavano in tutta la baia. Prurito e punture ovunque, durati per ben 20 giorni. (Portatevi sempre il "bushman", il più potente repellente contro ogni tipo di insetto!)

Che notte spettacolare. Ammirare il cielo da disteso, sopra il dorso di una barca nel bel mezzo di un oceano, è una di quelle cose che ho sempre visto fare nei film. Le costellazioni, la via lattea, l'infinito. La brezza marina ti solletica non solo i piedi nudi, ma anche i pensieri. Quelli che difficilmente qui, riescono ad essere intaccati.
Qui, nella loro pura essenza, pensieri di libertà allo stato puro.

22 Maggio 2014
Naara Bay, Hook Island

Tre ore e mezza e arriviamo in questa incantevole baia. Percorriamo le tracce degli antenati, gli aborigini. *Keep silence* dicevano i segnali. Questa è terra aborigena e come tale va rispettata, vanno rispettate le loro storie, le loro tradizioni, la loro lingua, la loro cultura, la loro presenza. Una grotta con pitture rupestri, di fronte alla quale cerchi di tornare indietro nel tempo e "*sentire*" i nativi.

Piove, ma questo non ci impedisce di tuffarci e di fare del buon snorkeling, anzi, il ticchettio della pioggia sott'acqua, mentre ammiri i coralli, è così rilassante che non ti resta che lasciarti andare e farti cullare dalle onde.

23 Maggio 2014
Bowen, QSL

Si naviga direzione Airlie Beach, direzione casa (dico *casa* per intendere la nostra macchina!). Ci salutiamo tutti, *all the best* Julia and Diane. Grazie per la meravigliosa esperienza, capitano Awanui Hamon. *Saying thank you a hundred times for the amazing experience will not ever be enough.* Grazie per quello che ci hai insegnato, per averci trasmesso un po' del tuo sapere, per averci dato Vita. Arrivati sulla terraferma, entriamo al Mc'D solo per aver la connessione ad internet gratuita e poi si parte per Bowen. Sarebbe ora di fermarsi a lavorare un po', i soldi iniziano a scarseggiare. Chissà se saremo fortunati a trovare lavoro nella giusta farm; dicono che Bowen sia la città del mango. "E se non troviamo lavoro, che facciamo?" Domani vedremo. Abbiamo imparato che le cose vengono da sé. Andiamo a dormire nella *rest area* consigliata dalla guida, e ci addormentiamo, consapevoli della ricchezza dei giorni trascorsi, della bellezza di oggi e nell'incertezza del domani.

Perché non puoi dire di aver capito l'Australia fino in fondo finché non ne hai esplorato il cuore. L'outback on the road, ovvero, il deserto.

24 Maggio 2014
Bowen, QSL

Ci svegliamo di buon'ora e carichissimi di buoni propositi accendiamo i motori e partiamo alla ricerca della farm perfetta. Giriamo tra stradine sterrate, campi di manghi e piantine di pomodori, a offrire manodopera, a cercare lavoro. Nulla. Già pieno. Saturo. "*We are fully staffed*" ci siamo sentiti ripetere per una ventina di volte. Altri backpackers, altri ragazzi che duramente cercano di guadagnarsi i giorni necessari per il secondo visto. Poi ci sono gli asiatici, che lavorano meccanicamente ad una velocità pazzesca per una sola manciata di dollari l'ora. Continuare a cercare o andare avanti? Dopo una mattinata di continui rifiuti, sconforto generale e un sacchettino di pomodori ricevuti un po' per compassione, un po' per buon auspicio, acconsentiamo entrambi che probabilmente non era arrivato ancora il momento di fermarci e che il nostro viaggio avrebbe dovuto continuare... avremmo cercato lavoro più avanti. Ci fermiamo da *Le sorelle coffee roaster* a rigenerarci con un pranzetto tipicamente australiano. Passeggiata alla spiaggia più bella, Queens Beach.

Di nuovo in macchina fino a Home Hill, dove una comfort area con docce calde gratuite e degli ovetti sbattuti con fette di pane tostato (sì, quando si viaggia, questa è davvero una cena prelibata, ve lo assicuro!) ci stava aspettando. Mentre mangiamo, vediamo dei ragazzi, nel tavolo a fianco. Oh, sono i ragazzi che avevamo incontrato a Nimbin. Com'è piccolo il mondo! Facciamo due parole con loro e tra una cosa e l'altra il mio compagno di viaggio mi chiede gentilmente di liberarmi dei miei ingredienti per i dolci che persistevo a portarmi dietro fin dal giorno della partenza. Farina, mandorle, lievito, zucchero, codette colorate e molto altro. Me li ero portata in viaggio con la speranza di poter cucinare qualche torta, di tanto in tanto, ma effettivamente, se già era difficile trovare il modo e il tempo per depilarmi, come avrei potuto immaginare di trovare un forno da qualche parte? Decisi così di regalare, a malincuore, il cibo che non avremo usato. "Quando arriveremo a Darwin avrai un forno tutto per te" mi promise. Va bene. E alla sola idea di avere di nuovo una casa, un forno, un letto e una doccia mi si scaldava il cuore.

25 Maggio 2014
Townsville, QSL

Direzione Townsville, si raggiunge il nostro primo traguardo. Il *piano* prevedeva di viaggiare lungo tutta la costa est, fino ad arrivare a Townsville, dove poi avremmo iniziato l'attraversata del deserto fino a Darwin. Sarebbe stato bello raggiungere Cairns, lo so, ma l'autostrada parte in ogni caso da Townsville, quindi sarebbero stati 400 km in più tra andare su e tornar giù e non avevamo tempo a sufficienza. Trascorriamo la giornata alla laguna della *Strand*, una magnifica piscina tropicale contornata da palme maestose; tra qualche tuffo nelle acque cristalline, un sole così allegro e un cielo che più blu è davvero difficile averlo visto; pareva davvero lampante perché il Queensland viene chiamato "*the Sunshine State*". In giro per il lungomare è pieno di bbq e così decidiamo che avremmo cenato in uno di quei tanti tavolini di legno attrezzati, dove c'erano persino rubinetti per poi lavare le pentole. *Beautiful!* Nessuno ce l'avrebbe tolta una buona pasta! Peccato che il nostro metodo per scolarla anche senza scolapasta stavolta non abbia *funzionato* come avrebbe dovuto e ci siamo ritrovati a guardare le pennette cadere una dopo l'altra sull'erbetta fresca. Che amarezza. Una delle cose più tristi al mondo, soprattutto quando si è affamati. Dopo una cenetta piuttosto magra ma alquanto divertente, andiamo a passare la notte nel parcheggio di fronte al porto dei traghetti; l'indomani saremmo salpati per Magnetic Island.

26 Maggio 2014
Magnetic Island, QSL

Il ferry è partito al mattino di buon'ora e in soli venti minuti siamo arrivati all'isola, dove abbiamo cercato un posticino carino dove fare colazione. Lo troviamo a *Horseshore Bay*, una baietta con diversi caffè e ristorantini, sulla quale si estende la più lunga striscia di sabbia bianca dell'isola. Dopo aver dormito di gusto e per un tempo indefinito (quando si viaggia il tempo è sempre una cosa relativa, non ne hai la cognizione, ne perdi il senso. In poche parole, ti rendi conto di non dover rendere conto al tempo!), sotto al sole mattutino che ormai sta diventando cocente, decidiamo di cambiare baia e camminiamo fino a *Radical Bay.* Ci accampiamo sotto l'ombra di un enorme albero dalle foglie gialloarancioni e dai frutti strani, facciamo un vero e proprio pic-nic con i nostri *paninazzi* al *cheddar* e salame e all'immancabile *leg ham* di cui ormai al solo odore mi viene la nausea (in realtà, non si sa bene perché qui il prosciutto non riesca a *profumare* tanto quanto il nostro in Italia). Un paio di bagni nelle acque oceaniche, rilassandoci al sole caldo e tanto atteso, assaporando il panorama, l'aria pulita e frizzante e la vegetazione brulla dell'isola così verde e rigogliosa. Sì, perché io ho imparato ad *assaporare* i panorami. Hanno un vero e proprio gusto, un colore, un carattere, una loro personalità. In lontananza notiamo una scritta bianca su sfondo rosso: "Gelateria italiana". Ovviamente ci alziamo, speranzosi in un vero caffettino all'italiana, e subito facciamo conoscenza con Joseph, il barista. Erano le quattro del pomeriggio, e dopo averci fatto il caffè stava accingendosi a chiudere. «Apro più o meno sulle 11 o a mezzogiorno, dipende da quando mi sveglio; e chiudo sulle quattro del pomeriggio. L' isola ha dei ritmi tutti suoi e io mi sono trovato alla grande qui.» "Ci credo che ti sei trovato bene", penso. Lavori sì e no quattro, cinque ore al giorno, sei di fronte ad una spiaggia meravigliosa, tutti nell'isola si conoscono, c'è sicurezza e si respira una pace generale. Joseph tra una chiacchera e l'altra ci invita a cena da lui la sera stessa, per una pasta in compagnia degli altri sei italiani che vivevano nell'isola. Ovviamente accettiamo, ma nel frattempo andiamo alla ricerca della costa ovest dell'isola, non volevamo perderci il tramonto. Troppo tardi; dalla parte opposta rispetto a dove eravamo, il sole aveva già iniziato a scendere... Prendiamo due birre,

rigorosamente *xxxx Gold,* ci arrampichiamo sulla scogliera di Pic-nic Bay per accoccolarci su una roccia a strapiombo sull'oceano, e mentre lentamente si fa buio e le luci di Townsville in lontananza riempiono il cielo, noi brindiamo alla pienezza della vita.
Arriviamo a cena, giro di presentazioni e racconto delle nostre vite, come da *routine*. Tutti i ragazzi che vivono lì lavorano assieme nello stesso ristorante italiano, l'unico dell'isola. In particolare, ci colpisce la storia di una coppia da Milano, che per caso arrivò a Magnetic Island, in giornata, e conosciuto Joseph, andarono a cena e si fermarono lì per la notte (si era fatta una certa ora e non c'erano più traghetti per tornare sulla terraferma). Così il giorno dopo fecero conoscenza con i proprietari italiani del ristorante che gli fecero loro la proposta per rimanere a lavorare lì. Accettarono. Quel sì cambiò la loro vita. Ed eccoli qui, dopo diversi mesi, a doversene andare causa visto scaduto. «Noi ce ne andiamo fra una settimana» ci dicono. «Se voleste ci sarebbe lavoro per voi, sarebbe una buona occasione se voleste rimanere qui. Vi fermate a dormire qui per la notte?» propongono loro, un po' ironici, ma più che seri.
Lui lo sa che direi di sì. Lo sa che prenderei quest'occasione al volo. Lo sa che ci cambierebbe la vita, rimanere su quest'isola, potremmo vivere qui in questa casa tropicale, potremmo lavorare, potremmo prendere casa, guadagnare bene, essere sereni, potremmo un giorno creare la nostra famiglia... La mia mente cominciava già a galoppare. "Ali, blocca i pensieri per favore!" mi dico tra me e me; e poi mi giro, incontrando il suo

sguardo. Occhi pieni di speranza e al tempo stesso colmi di una cosciente consapevolezza di ciò che dovevamo fare. «Ci dispiace molto, ma... noi proseguiamo. Ci piacerebbe davvero, sarebbe un'esperienza bellissima, ne siamo consapevoli. Ma domani iniziamo la traversata del deserto, poi dobbiamo arrivare a nord. Poi dovremmo anche tornare in Italia e abbiamo ancora molte cose da visitare... insomma: abbiamo altri progetti.» E quella notte, un po' a malincuore e un po' con uno strano senso di serenità nell'aria, ci godiamo la brezza marina sul traghetto che ci avrebbe riportato a Townsville.

27 Maggio 2014
Nelia, Outback

Ok, è arrivato il momento. Il momento di attraversare il famigerato deserto, quello senza nulla, quello che non sai ancora come immaginartelo, quello che la gente di città quando dicevamo che saremo arrivati a Darwin attraversando il deserto in macchina ci dicevano: *«Are you crazy guys?»* prendendoci per pazzi e chiedendoci che cosa saremmo andati a fare a Darwin, così lontana, così calda e piena di coccodrilli. Ma eravamo pronti: venti litri d'acqua e venti di benzina per ogni evenienza; sapevamo che i rifornimenti sarebbero stati radi, se non assenti, e ovviamente acqua potabile non ce ne sarebbe stata. Videochiamata a casa prima di partire, rassicurazioni di routine e abbracci virtuali: non ci saremmo sentiti per diversi giorni, *ovviamente* non

avremmo avuto rete. "Vi voglio bene anch'io. Papà non stiamo andando in guerra, siamo responsabili, ce la caveremo".
Facciamo l'ultima spesa al Woolworths, compriamo cibo per diversi giorni e stuzzichini per il viaggio (degni di nomina i *Ritz* al bacon e al cheddar e le *tortillas* al chilli. Non sarebbero da nominare, ma voglio citarle comunque e classificarle nella lista delle cose da *non-comprare-mai-neanche-se-costano-solo-1$:* le *chicken crisps.* Patatine al pollo. E vorrei puntualizzare che non le ho scelte io). Inoltre, un buon viaggio in macchina viene sempre ricordato per la sua colonna sonora: creammo un cd con un centinaio di canzoni *best hits of '60,'70,'80.* Senza ombra di dubbio, dopo il terzo giro dell'unico cd che hai fatto, impari anche la sequenza delle canzoni a menadito e desidereresti un po' di sana radio, premettendo che ovviamente non c'è segnale e quando lo trovi (ah, se lo trovi!) l'unica stazione di cui ti devi accontentare sta dando un *talk show* tipicamente australiano. L'ultima, ma non meno importante cosa di cui ci siamo muniti prima di partire è il repellente per le zanzare, ma non quello semplice per le zanzerette da barbeque; intendo il repellente per le zanzare del bush: il *bushman.* Proprio quello che avremmo dovuto portare alle Whitsundays. Sì. Proprio quello.

Tutto pronto, partiamo! Guidiamo per circa 600 chilometri di interminabile nulla in cui si susseguono terreni un po' brulli in cui crescono sterpaglie e cespugli secchi, e terre completamente deserte fino ad un piccolissimo paesino (è davvero esagerato chiamarlo così, la guida dava *ben* undici

abitanti, dislocati in due casine e una posta) chiamato Nelia.
La prima casa a sinistra è il posto dove avremmo trascorso la notte. Per 20$, ci hanno fatto accampare con la tenda nel loro cortile, assieme alle galline, le pecore, le anatre e le capre. Appena entrati, il *bushman* mi ha subito fatta sedere, messo una caprettina sulle ginocchia e dato un biberon con del latte. Ho allattato la caprettina orfana, l'avevano trovata da poco nel bush ci disse. Arrivò poi la moglie del bushman, la signora Georgina, che ci porse una borraccia da ciclista piena d'acqua, dicendoci semplicemente di spruzzarla verso il caprone più grande, Sebastian, se mai avesse iniziato a darci fastidio. La sera l'abbiamo trascorsa nella loro cucina, dove ci hanno permesso di utilizzare il nostro fornellino a gas e guardare un po' di televisione. Tutto è così strano, loro sono così strani, ma tutto sommato gentili. Il *bushman*, definito così l'uomo tipico del bush, alto, che cammina un po' dondolando, che parla un australiano dalla dialettica strettissima, isolato dal mondo, che vive in fattoria. Lui era davvero così, e quella sera la trascorremmo a parlare dell'Australia, dei canguri, dell'uomo di città e di campagna, della differenza fra famiglie italiane e australiane: una volta compiuti i diciott'anni, ai suoi figli disse che potevano badare da soli e così li spinse ad andarsene di casa.
Non dico che questo sia giusto, perché nemmeno l'opposto lo è, ma la madre italiana rimane la madre italiana. Anzi, la *mamma italiana*. Con tutti i pregi e i difetti che ne possono derivare, ma l'amore

materno così puro, incondizionato e protettivo come quello italiano, pochi altri lo possono vantare.
Detto questo, è anche vero che a volte lo sono troppo, e con difficoltà i genitori italiani lasciano partire i propri figli con serenità o più in generale, stentano a riconoscere che i propri pargoletti sono cresciuti ed è giusto che scelgano la loro strada da soli.
"I figli sono della vita" qualcuno diceva. Arriva sempre, prima o poi, il momento di tagliare il cordone ombelicale, partire e iniziare a camminare da soli. All'inizio è una frattura, una voragine che sembra incolmabile agli occhi di molti, ma è anche l'unico modo per iniziare a scoprire la nostra vera essenza e capire, o almeno intravedere, qual è il progetto in serbo per noi.

28 Maggio 2014
Camooveal, Outback

Svegliati di buon mattino dal canto del gallo, facciamo colazione in cucina con le caprette, dimenticando la cerniera della tenda aperta. Al nostro ritorno, un ricordino da parte di Sebastian. Evidentemente l'interno della nostra tenda doveva sembrargli un luogo tanto ideale e così piacevole da essere scelto per fare i suoi bisognini mattutini (!). Sistemiamo tutto e ripartiamo, 350 km fino a Mount Isa, la più grande città di tutto l'outback, definita dagli australiani la "patria del manzo" e mangiamo degli ottimi hamburger al *Bar&Rodeo.* C'è un lookout mozzafiato, che al tramonto rende ancora di più, con le luci della città e la vecchia scritta *Hard Times* a caratteri cubitali sulla miniera poco fuori dal centro. Concretizzammo che se avremmo voluto raggiungere Darwin in pochi giorni, dovevamo macinare kilometri su kilomentri, quindi gambe in spalle e si torna alla guida. 200 km fino a Camooveal, dove una rest area sul Georgina River ci avrebbe permesso di tirare fuori il fornellino e cucinare qualcosa di caldo. Parcheggiamo di fronte al fiume, che più che fiume sembrava una palude. Erano già le otto di sera, e ovviamente il sole era già calato, quindi non vedevamo nulla. Io inizio a tirar fuori il cibo, il fornellino, l'acqua... quando sentiamo dei rumori alquanto sinistri provenire dall'acqua. Fruscii, passi, strusciamenti e versi di animali ignoti sicuramente poco rassicuranti. "Io vado in macchina" sentenzia il mio valoroso compagno di viaggio. Spegne la torcia, rinuncia alla cena, e sale in macchina. Decido che non sarei di sicuro rimasta fuori da sola a fare la coraggiosa, e salto in macchina anch'io. A letto senza cena e pure con la paura che qualche immaginario coccodrillo risalisse addirittura la riva per venirci a trovare.

29 Maggio 2014
Mataranka, Outback

Ci sveglia una meravigliosa alba sul fiume di fronte a noi. Fiori di loto e alberi rigogliosi accolgono miriadi di uccelli che cinguettano. Ieri sera sembrava tutto fuorché un posticino così quieto e carino, dichiarato oltretutto patrimonio nazionale. Facciamo una colazione abbondante e iniziamo a viaggiare. 430 km di assoluto nulla. *The middle of nowhere*, lo chiamano. Non c'è sensazione più grande, più gratificante e più liberatoria di guidare verso il nulla; tu, la strada e il cielo infinito. E gli *Aerosmith*. Nient'altro. Un cespuglio. Un cespuglio più grande. Un cespuglio più piccolo. Dopo cinque ore di guida, la libertà l'hai assaporata, gli alberi li hai contati tutti, le canzoni del solito cd le sai a memoria e devi avere per forza qualcuno al tuo fianco con cui affrontare queste eterne ore di viaggio. Giochiamo a "arriva un bastimento carico di...", ripassiamo i paradigmi in inglese e studiamo la guida e la cartina stradale per capire dove sia meglio fermarsi per la notte. Arriviamo a Three Ways, punto d'incrocio di due grandi autostrade e mettiamo in padella un paio di ovettini per pranzo. Le uova cuociono da sole ai 40 gradi delle due e mezzo del pomeriggio e facciamo benzina (dimenticavo, da quando partite a Townsville, fate sempre il pieno, così arriverete tranquillamente alla prossima stazione di servizio). Proseguiamo per Daly Waters e nell'unico pub del paesino ci prendiamo due birrette, la zuppa del giorno e dell'ottimo *garlic bread*. Guidiamo per altri 530 km, anche se era già buio e ci avevano detto di non guidare di notte. Effettivamente, non essendoci illuminazione è un po' pericoloso, ma andavamo piano, e tutto andò bene. Dicono sia pericoloso per i mostri del deserto, i TIR. Sono questi autotreni enormi e lunghissimi che viaggiano ad una velocità pazzesca; per questo è consigliato rallentare un po' e avvicinarsi al ciglio della strada quando se ne incontra uno. Una cosa che avevo letto nella guida e non vedevo l'ora di mettere in pratica, era il saluto

tra chi viaggia nel deserto. Quando si incontra qualcuno, il che accade di rado, si alza l'indice della mano destra dal volante in segno di saluto. Mi divertivo un sacco, soprattutto quando vedevo che tutti lo facevano. Ti senti amico, ti senti vicino, ti senti solidale ad ogni persona che per qualunque motivo sta attraversando il deserto. E poi in lontananza vediamo una bicicletta; ci avviciniamo e chiediamo se va tutto bene, se ha bisogno di qualcosa, di acqua. "*I'm all right, I'm all right thanks*" ci fa segno con la mano, come se l'avessimo quasi disturbata, quella donna lì, sì, quella che sta attraversando il deserto in bicicletta e ti chiedi da dove sia partita, come resista, fin dove arriverà. Arriviamo trafelati alla stazione di sosta di Mataranka, e sfiniti, ci addormentiamo nei nostri *diversamente* comodi sedili reclinabili.
«Ho la scatola dei biscotti a fianco alla testa, puoi spostarla per favore?»
«Buonanotte Ali, a domani.»

30 Maggio 2014
Katherine, NT

Ci svegliamo, colazione e si parte. Ah no, aspetta. C'è qualcosa di aperto. Lo sportellino della benzina. Ma come...? Subito ci alziamo per controllare, e sì, è tutto aperto e il tappo del serbatoio è *garbatamente* appoggiato sopra la macchina. "Ci hanno fregato la benzina mentre dormivamo!" Proviamo a cercare di capire come abbiano fatto, chiediamo ai ragazzi accampati vicino se si fossero accorti di qualcosa. Nulla. Così diamo un'occhiata al serbatoio e la benzina sembra esserci ancora. Magari ne hanno presa solo quel poco che gli bastava. Ma io dico, basta chiedere, no? Ve l'avremmo data più che volentieri. E mentre dormivamo, oltretutto. Richiudiamo lo sportello, e un po' con quel pensiero che sei-stato-appena-derubato-e-nemmeno-te-ne-sei-accorto, riaccendiamo i motori. Arriviamo al punto termale di Mataranka, dove le acque sorgive che sgorgano ad una temperatura costante di 30° ci stavano aspettando. Una piscina di acqua calda naturale nel bel mezzo di una foresta tropicale, nel bel mezzo di un deserto. Proprio di questo avevamo bisogno! Relax, restare in ammollo per tutto il tempo che ne avremmo avuto bisogno, finché le grinze ai polpastrelli non avrebbero chiesto pietà, finché le nostre membra stanche non sarebbero state ritemprate dalle lunghe ore di guida. Dopo aver goduto di questa favolosa oasi di pace, in un'oretta siamo finalmente arrivati a Katherine, prima grande cittadina dopo moltissimi chilometri, dove abbiamo pranzato con gran voracità il panino con le *meatballs* da *Subway* e abbiamo poi iniziato a notare i primi volti scuri. Ossatura massiccia, narici allargate, capelli ricci come cavatappi, vestiti umili, occhi pieni di storia che chiedono di essere compresi. Perché nel Northern Territory, bianchi e aborigeni convivono. Li trovi per strada, alcuni. Sul ciglio della strada, tra le labbra una fisarmonica e le mani a terra che battono il tempo di un motivetto che è più simile ad un richiamo della giungla che un canto per la madre terra. Qualcuno canta, qualcuno urla, qualcuno si diverte. Alcuni quando passi ti salutano, altri chiedono l'elemosina, altri una sigaretta. Alcuni al supermercato si rifiutano di pagare perché *sono loro gli abitanti originari di questa terra* ed è stata colpa del bianco conquistatore ad aver decimato il loro popolo imponendo le sue regole di civile società dominante. Andiamo al centro per il lavoro, magari hanno qualche lavoretto di *picking* da farci fare. Nulla da fare, la stagione per la raccolta della frutta non era ancora iniziata. Così cerchiamo un posto per la notte e andiamo al 'Big 4 Camping' (uno dei migliori campeggi in Australia) dove ci hanno spennato ben 37$ a notte solo per poter piantare la tenda.

31 Maggio e 1 Giugno 2014
Litchfield National Park, NT

Nel Northern Territory, lo stato dell'Outback, del selvaggio e dell'incontaminato, ci sono due grandi parchi nazionali di straordinaria bellezza e ormai più che decantata fama. Il Litchfield e il Kakadu. Ovviamente, era nostra intenzione vederli entrambi e prima di arrivare a Darwin, dato che *era di strada* abbiamo pensato di fare visita al Litchfield. Così guidiamo fino a raggiungere le splendide *Wangi Falls*, delle cascate aperte tutto l'anno dove si può persino nuotare nella pozza d'acqua dolce sottostante. L'acqua è di un verde cristallino spettacolare; si può raggiungere a nuoto la cascata e stare con le spalle sotto ai getti potenti dell'acqua. La sensazione di libertà che si può provare è semplicemente indescrivibile. Ci spostammo poi a vedere le *Florence Falls* altrettanto belle e un pochino meno alte. Lì davanti un grande spazio

verde dove ci siamo distesi all'ombra di una palma e gustato il nostro pic-nic all'insegna del relax, delle *non-preoccupazioni* e dell'assaporare la vita giorno per giorno. Era ora di andare, la sera avevamo in programma di arrivare a Darwin. Al ritorno optiamo per una strada alternativa, una strada sterrata, dalla terra rossa. Con buche, salite e discese non indifferenti; non vedevamo l'ora di usarlo, il nostro 4x4!
Lungo la strada una serie di incendi dovuti alla lunga siccità e segnali di allerta al guidatore: "Please, Arrive alive" o “Rest, Revive, Survive". Dopo diverse ore di guida finalmente arriviamo a Darwin. Ce l'abbiamo fatta. Il nostro vagabondare è arrivato al termine. Ora dovevamo solo trovare una nuova casa, un nuovo lavoro... Un passo alla volta. Leggendo la guida scopriamo che proprio di domenica ci sono i mercati più famosi di Darwin, il mercato di Mindil Beach da dove si può godere di un tramonto spettacolare proprio dalla spiaggia. Una bancherella di manghi, una di sushi, una di gonne e vestiti etnici, gente che suona il didgeridoo e aborigeni che ballano muovendosi a ritmo di musica con la folla entusiasta che li incita. Mangiatori di fuoco, scarpe e gioielli arabeggianti, bambini che corrono, africane che intrecciano capelli, cinesi che regalano bigliettini portafortuna per la festa delle lanterne. Un mix di colori, profumi, culture, popoli. Quando poi, in lontananza, alla bancarella dove vendono pelletteria di coccodrillo, sentiamo delle parole familiari... italiani! Il mio compagno di viaggio si fionda immediatamente da loro, anche se io devo ammettere che avevo iniziato ad ignorare con molto

piacere i miei stessi connazionali. Non tanto per disdegno ma perché mi piaceva così tanto immergermi in un altro mondo, entrare a far parte di quella realtà esotica e così stimolante che ogni volta che sentivo parlare italiano, semplicemente *preferivo* evitare di alzare l'indice e chiedere, come facevano tutti, «Italiano?» con quel sorriso sornione in faccia da italianuccio medio. A volte mi sono ritrovata a rispondere «*Ich bin Deutsch.*» Comunque sia, stavolta non avevo scelta, così mi sono avvicinata anch'io e mi sono presentata. Gaetano, Marco e Jacopo, tre ragazzi italiani che erano a Darwin da un paio di mesi e probabilmente ci avrebbero dato le dritte giuste su come iniziare una nuova vita lì. Un muratore, un pescatore e uno che come primo lavoro in Australia aveva squarciato pecore. Ecco con chi stavamo parlando. Ci dicono che non ci sono molti italiani, che di lavoro ce n'è e che le paghe sono molto buone. Gli affitti anche. Ci danno qualche dritta su dove poter dormire la notte senza venir disturbati. Ci scambiamo il numero, ci salutiamo e li ringraziamo. Dopotutto, sono stati gentili. Ci spostiamo a Cullen Bay, dove decidiamo di fermare la macchina e provare a dormire. Faceva molto caldo e l'umidità era alle stelle. Eravamo in ansia, non sapevamo che cosa ci avrebbe aspettato l'indomani. Riiniziare a stabilirsi in un posto non è mai così facile come può sembrare. Ti prendono mille paure, mille preoccupazioni. E se non dovessimo trovare lavoro neppure qui? Ci fermiamo lo stesso? Troviamo prima casa o lavoro? Ma non possiamo vivere in macchina se vogliamo restare qui.

E poi un venticello fresco, dolce, che si lascia

respirare a pieni polmoni. Ci riporta la pace e la consapevolezza che tutto verrà, come è sempre venuto, che lo vogliamo o no. Tutto avverrà, com'è destino che sia. E ci addormentiamo. Domani è un nuovo giorno...

Partire da Darwin: canti aborigeni, profumo di mare e un cielo che parla.

"FAITH, HOPE & LOVE" recitava l'enorme cartellone appeso ad una sorta di chiesa. La chiesa che ho notato mentre stavamo trasferendoci nella nostra nuova casa. 142 Vanderlin Drive, Darwin. Una casetta semplice, dalle mura bianche un po' slavate e segnate dal tempo, rialzata a palafitta, con il terrazzo che dava sul giardinetto tropicale. Chris, il padrone di casa, ci ha accolti come figli, e Shaline, coraggiosa rifugiata liberiana, ci ha accolti come fratelli.

Darwin sono gli Aborigeni.

Darwin, capoluogo del Northern Territory, 110.000 abitanti, e una gran voglia di affermarsi. Darwin, dopo il ciclone del '74, è rinata come città moderna e oggi è una meravigliosa cittadina tropicale, profumata di spezie, colorata di etnie e carica di un'atmosfera di pace e di storia. Sì, storia. Perché a Darwin ci sono ancora gli abitanti autoctoni dell'Australia, dal latino *ab origine,* gli Aborigeni. Li avevamo visti già nella piccola città di Katherine, ma *abitarci con,* non è la stessa cosa. Faccio la spesa al Woolworths, e di fronte a me, una donna paga con 10$ un conto di 15$. La commessa replica qualcosa sottovoce e la donna se ne va addirittura un po' scocciata. Cammino per Mitchell Street e all'angolo con lo Shenanningans' pub, sul marciapiede, un gruppo di uomini suona il tamburello, qualcuno canta, qualcuno beve, qualcuno chiede l'elemosina, qualcun'altro mi sorride. Sono uomini scurissimi di pelle, quasi neri, con questi capelli increspati dal vento e un sorriso smagliante con questi denti bianchissimi. Un pomeriggio dopo lavoro (avevo deciso che la mia carriera nell'hospitality mi aveva già dato abbastanza in passato; in altre parole ero stanca di fare la cameriera. Quindi mi sono inventata qualche lavoretto che mi permettesse di vivere e di gestire il tempo e la mia vita come meglio credevo) prendevo finalmente il sole ad Alexander Lake, un bel laghetto artificiale a Fannie Bay contornato da molto verde; quando sento dei rumori in lontananza. Alzo la testa e vedo un gruppo di aborigeni, donne, uomini e bambini. Cantano e si divertono, sembra. Poi iniziano ad urlare, a battere le mani, e saltare. Sembra che stiano incitando qualcuno a fare qualcosa. Finché una donna viene spinta in acqua, completamente vestita, mentre tutti la acclamano e la applaudono. Stanno tra di loro, in gruppi, trovo difficile trovare il coraggio per avvicinarmi. Quanta voglia avrei di parlare con qualcuno di loro, avrei un sacco di domande da fargli. Vorrei ballare con loro. “Magari un'altra volta”, mi dico. Quanto hanno da raccontare, lo vedo nei loro occhi. Quanto sanno, quanto desiderano, quanto non riescono a dire, quanto vorrebbero *farti capire.* Ho ascoltato molti australiani parlare di loro, volevo sapere cosa la gente pensa. Alcuni sono fieri e consapevoli della loro presenza, altri li diffamano con parole intrise di odio e di ignoranza. C'è chi si butta al ciglio della strada e si ubriaca vestito solo di qualche straccio, c'è chi si è rialzato, si è messo la giacca ed è diventato guida turistica del proprio territorio. Io sono andata al Kakadu National Park, a fianco alla terra degli aborigeni, l'Arhnem Land, dove ho avuto la possibilità di incontrare una guida aborigena meravigliosa, che ci ha raccontato la sua vita, le sue tradizioni, l'arte rupestre e i canti della tribù... ci ha raccontato che lui il sabato pomeriggio si sveste di tutto e va a caccia con la lancia, per poi rientrare a casa per il telegiornale delle sei. Ma questa è un'altra storia...

Darwin è il tramonto a Mindil Beach.

Una sera esco con Shaline, la mia coinquilina africana, e andiamo al mercato di Mindil Beach (la domenica e il giovedì sera) dove mi rimpinza di *mango disidratato* (una vera droga; dopo averlo assaggiato, non potrete più farne a meno!), compriamo pantaloni etnici colorati made in Nepal, collane di conchiglie. Ci fermiamo poi a guardare i mangiatori di fuoco e infine veniamo risucchiate nel vortice della musica del didgeridoo: un ragazzo sta suonando questo tubo lunghissimo ed emette un suono pazzesco. A ritmo di musica, al limite tra tradizione ed elettronica, un gruppo di ragazze aborigene muovono il fondoschiena come se fosse completamente slegato dal resto del corpo: loro il ritmo per la musica ce l'hanno nel sangue!

A Mindil Beach abbiamo anche visto uno dei tramonti più belli della nostra vita: il tramonto direttamente sull'oceano. È particolarmente famoso, e ogni giorno, sulle sette di sera più o meno, la spiaggia si affolla di gente che sceglie accuratamente il proprio posticino sulla sabbia, magari anche armata di una buona birra fresca, sushi e patatine al granchio da sgranocchiare mentre si gode il panorama. Un panorama, che non ha parole per essere descritto, se non che mozza il fiato. Letteralmente. Lo dirò sempre io, che del cielo australiano non ci si potrà mai stancare.

Se già per un tramonto così potrei scegliere di abitare a Darwin per un lungo periodo senza stancarmi, il *cinema sotto le stelle* potrebbe essere la ciliegina sulla torta che mi farebbe scegliere di abitarci per tutta la vita (o una gran parte!). Deckchair cinema under the stars, vicino alla Library. La cena te la porti da casa e tutto quello che devi fare è sederti sotto il cielo stellato, e goderti il film. Del buon pesce fritto, arachidi e birra fresca. Cuscino e copertina per il venticello serale. A fianco a me, la persona che amo. "Oh Dio, potrei morire ora e sarei felice."

Darwin è Natura.

Se mi chiedessero quali sono le parole che definiscono Darwin, direi Birra e Pesca. E l'una è legata *imprescindibilmente* all'altra. Zack, il ragazzo originario di Perth a cui insegnavo spagnolo, credeva fortemente nelle proprietà benefiche della birra; al che, durante le nostre lezioni ce ne facevamo più di un paio. Credo siano state le lezioni più divertenti di tutta la mia vita! Sempre con Zack, un pomeriggio mi ha invitata a pescare; come fanno gli australiani nel proprio tempo libero. Qui a nord, sono pazzi per la caccia al Barra, il famoso barracuda! Barca con musica che pompa, una cassa di birre fredde e qualche esca per prendere granchi. Zack, mi ha mostrato il mio primo *coccodrillo*, che si stava mimetizzando tra la sabbia,

e l'ho visto muoversi e ritornare in acqua dopo che gli abbiamo lanciato un po' di pesce. Ho anche tenuto in mano un granchio enorme, non credevo avrei mai avuto il coraggio di farlo, semplicemente non ne avrei mai vista la necessità. "Come on, take it" mi disse lui che pesca granchi ogni sabato pomeriggio. Aaaaaaaaaaaah si muove!
Che giornata. Io, il vento, il mare. Adrenalina, pace, scoperta. Serenità.

Darwin è sole.
Sole che scotta, qualche gabbiano, io mi sento una lucertola. Un sole che brilla, secco. È lì. E non se ne va. È un sole egocentrico, quello di Darwin. Non una nuvola, cielo azzurro, quasi blu. Fa caldo, e questo sole ti mette il buonumore anche se non vuoi. Una vita vissuta in infradito e canottiera, con barbeque in terrazza e musica nell'aria. Bellissima è la baia del Waterfront con la Wave Lagoon (piscina dalle onde artificiali) dove fisici più o meno scultorei si distendono a prendere la tintarella, e c'è invece chi come me, che preferisce distendersi in una delle piccole baiette desolate della costa rocciosa di **Nightcliff**. Ma ci sono moltissimi altri tratti di spiaggia e angoli nascosti che sono tutti da scoprire. Prendetevelo ogni tanto, un pomeriggio per voi. Che sia per prendervi un caffè o prendere il sole. Un sole, che come pochi, sa leggerti dentro.

Darwin è religioni.
Molto vicina all'Indonesia, a Darwin arrivano moltissimi credo. Islamici, Cristiani, Hindù, Buddhisti e ogni tipo di nuove religioni dell'avanguardia. Shaline un giorno mi chiese se mi

andasse di andare a messa con lei. La prima cosa che le chiesi fu che tipo di chiesa fosse. Lei non seppe rispondermi, e così mi dissi che poco importava; che una messa valeva l'altra. Dopotutto, Dio è uno solo, quindi sarebbe stato irrilevante in quale modo sarei andata a trovarlo. «Sì, vengo» le risposi. Una grande sala, molta gente africana, qualche asiatico. Mi sentivo *strana*. Ma lei mi sta vicina, mi si siede a fianco. Nessuna preghiera, bah. Chissà dove sono capitata. E poi, tutti iniziano a cantare, a gran voce, con le braccia in alto, verso il cielo. "I'm on my way, God, I'm on my way". E tutti si sentono fratelli, tutti *siamo* fratelli. D'improvviso ho ringraziato di essere lì, in quel momento, con quelle persone che non conoscevo, con quella chiesa così diversa. E alla fine, continuerò a crederlo sempre; Chiesa, sono le persone.

Darwin è vita.

I concerti, i mercati, il cinema... Darwin vive all'aria aperta. E io l'adoro. Festa greca, festa messicana, festa cinese. Spazi in cui respiri, spazi in cui osservi l'orizzonte, in cui ti siedi sull'erbetta fresca e alzi gli occhi al cielo. Chissà perché ci rivolgiamo sempre al cielo. Cosa cerchiamo, cosa vorremmo trovare, lassù, là dentro? Qualche risposta? Tutte le volte che mi sento inquieta, alzo la testa. Respiro. E *questo* cielo riesce sempre a placarmi. A volte arriva qualche risposta. Era solo nascosta dentro di me, bastava cercarla. Altre volte capisco di aver sbagliato domanda. Ecco perché ho capito di aver bisogno di un cielo che parla. E a me, il cielo di Darwin, parla.

Perchè partire è difficile, ma tornare lo è di più (o forse non troppo!)

Ad Anna,
perché tu possa realizzare i tuoi sogni.

A Luca,
perché viaggi con me ogni giorno.

Perché si sa, per partire ci vuole sempre una gran dose di coraggio, quella che a volte proprio ci manca. Per partire, nulla di quello che lasciamo deve essere più importante di quello che desideriamo trovare. Ci salterà alla mente come un barlume, una strana idea, e le persone che ci staranno a fianco ci ripeteranno "*Ma dove vai? Dove? In Australia? In A-u-s-t-r-a-l-i-a?*"
Sì, lo faccio per la mia felicità. *E non puoi essere felice un po' più vicino?*
No. La mia risposta è no. E non perché sia dall'altra parte del mondo, ma perché nel momento in cui ho deciso di *andare*, ho passato in rassegna i paesi dove sarei potuta andare. Ho studiato cinese, potrei andare in Cina, pensavo. Ho chiuso gli occhi.
Cina.
Per un periodo indefinito della mia vita, che potrebbe essere per sempre: mmm... no.
America.

Direi forse, anche se troppe complicanze per il visto. I genitori vorrebbero più vicino, ma io sto già guardando oltreoceano.
Edinburgo?
Propongono loro. Chiudo gli occhi. Cielo grigio e pioggia tutti i giorni. No, decisamente no.
Australia?
Mi batte il cuore. Decide lui. Sì. Decisamente sì. Se devo scegliere un posto da dove riiniziare, lo voglio come dico io. E io lo voglio pieno di sole. Per ognuno di noi deve esserci sicuramente il proprio posto ideale! (Io credo di non aver ancora trovato il mio... sento di doverne vivere ancora!)

Non tutti siamo destinati a partire; c'è chi si gode l'**elettricità** di quel momento, il **fremito** di quell'idea che gli solletica la mente, quell'eccitazione ad immaginarsi mentre prende l'aereo con una valigia, la sua valigia, la sua vita. E poi rinuncia.
Rinuncia a costruire quell'idea, quel progetto, quell'esperienza. Decide che forse, era stato solo un pensiero passeggero, e decide di lasciarlo far passare. Forse, per la troppa paura di vederlo realizzato. Forse perché tante persone non capirebbero.
Una mia anima amica, un giorno mi ha detto: "I miei amici stanno bene qui, sono felici qui, fanno famiglia qui, lavorano qui. Io c'ho qualcosa dentro, sento che devo andare, ma non so come, è tutto così complicato. Forse, sono io che sono sbagliata".
No. La risposta è no, mia cara amica. Non c'è niente di sbagliato in quello che senti, anzi, ti dirò una cosa: siamo tutti così meravigliosamente diversi.

Non tutti desideriamo le stesse cose, non tutti faremo lo stesso lavoro, non tutti lo faremo qui nel luogo in cui siamo nati, non tutti abbiamo la stessa vocazione. (E per fortuna!). Ce l'ho ben presente, quella sensazione, quel tremito, quel sussulto che hai dentro quando inizi a pensare alla vita altrove. Eccitazione e sussulto al tempo stesso. La possibilità di farcela o no, l'emozione di partire e la paura di tornare e chissà trovare le cose diverse da come le abbiamo lasciate? Si torna e le cose sono *esattamente* com'erano prima. In ogni caso, comunque vada, sarà il tuo viaggio. È la tua vita.

Allora io ti dico, dalle voce, a quell'idea dentro di te!
Falla parlare!
Ascoltala!
Senti che dice e se ti pare che forse poi così folle non è, partici assieme: tu e la tua voglia di vita.

Per quelli che partono, il primo grande passo è fatto. Ma non sanno ancora che quello più grande devono ancora affrontarlo: il *ritorno in patria*. Prima o poi avverrà, per vari motivi, dalla vacanza al ritorno definitivo o temporaneo. Ma avverrà. E certo, per ognuno può essere diverso, ma credetemi, è qualcosa di più traumatico che la partenza.
Lo ricordo come fosse ieri.

Aeroporto di Bangkok, 27 Agosto. Torno a casa dopo otto mesi. Erano già un paio di mesi che mi preparavo al ritorno. O meglio, all'idea del ritorno. Come sarebbe stato, che avrei fatto della mia vita. Anche se pensandoci bene, con un viaggio così,

tornare a *casa* non avrebbe dovuto spaventarmi. "Affronteremo le cose una alla volta, come abbiamo sempre fatto, assieme. Abbiamo imparato che Casa è dove c'è amore, e può esserlo ovunque, anche in Italia."
Ok, mi fido di te. Anche perché non ho alternative. L'aver scelto di tornare è stata una **scelta**. Fosse stato per me, sarei rimasta in Australia ancora un po'. Ma poi incontri chi ti cambia la vita, e allora le scelte cambiano. Se è questo dove la vita mi sta portando, la accolgo a braccia aperte. Se è questo il progetto per me, lo seguo. Ricordo benissimo quando parlavamo di tornare, eravamo in una baietta a Noosa Heads, distesi sulla sabbia insieme alle anatre e agli ibis che passeggiavano serenamente. La pace che aleggiava attorno a noi era disarmante. «Io tornerò in Italia, lo sai. E lo sai anche che mi piacerebbe che tornassi con me. Ma puoi stare qui ancora per un po' di mesi, prenditi il tempo che ti serve.»
Credo sia stata proprio questa libertà, ad avermi fatto scegliere di tornare, sì, credo sia stato quello il momento in cui ho deciso che sarei tornata.
Ma dal dirlo al farlo, quanto ne passa. Ma torniamo in aeroporto. Seduta lì, con i miei pantaloni larghi thailandesi con gli elefantini disegnati e scarpe da ginnastica completamente scoordinate, mi vedo avvicinarsi una folla. Una folla vestita di jeans, converse ai piedi, borsetta di marca al polso, in uno stile inconfondibilmente italiano. Oh, Dio. Ha cominciato a mancarmi l'aria. Non voglio tornare lì. Da tempo non mi vestivo più così, da tempo quando incontravo italiani cercavo di evitarli e di fingermi inglese, da tempo non volevo più riconoscermi in

quello stile di vita. E vedermeli lì, tutti così, uno uguale all'altro, tutti quegli italiani che erano venuti in Thailandia per farsi la classica vacanza da turista con la presunzione di portare l'*italianità* ovunque (perché diciamolo, noi italiani siamo così!), mi ha fatto tremare. Tremare al pensiero di tornare così. Mi viene da piangere, non voglio prendere quell'aereo per Roma.
Mi vedi. «No, Ali, non fare così. Che altrimenti mi fai cambiare idea.»
Mi abbracci. Fortuna che ci sei tu. E poi sento una voce: «Anche voi state tornando?» una ragazza che di italiano non sembrava aver nulla, sicuramente in viaggio anche lei. «Sì, io vivo a Sydney e questa è la prima volta che torno in Italia da due anni. Ho una paura addosso a rincontrare tutti.» Oddio sìììììììì! Eccola, sapevo che una così non poteva che venire dall'Australia. Ci confortiamo un po' parlando con lei, le raccontiamo del nostro viaggio e quando la voce al megafono chiama il nostro imbarco, ci salutiamo: «Buona fortuna, all the best.»
Saliamo in aereo, ed è già ora di cena. «Beer or wine?» ci chiede la bella hostess. Ci guardiamo. Wine. Sì, qui c'è bisogno di un brindisi. Fallo tu, io non so a cosa brindare.
«A noi. A ***Casa***, a dovunque c'è amore. In Australia, in giro per il mondo, in Italia. Proprio come dici tu. Cheers!»
Mi sciolgo. Sì. Sono io che dico proprio così e ora come ora vorrei davvero crederci. Cheers!

Sedici ore di volo dopo e dieci di scalo a Dubai, arrivo in Aeroporto a Roma. Alla dogana, nemmeno un "Bentornati cittadini". Ricordo di averlo visto a

Singapore, "Welcome back home citizens". Bello, insomma, a uno almeno gli torna il sorriso. Tutti parlano in italiano, ovviamente. Abbiamo un po' un rifiuto, rispondiamo in inglese. Era proprio *strano.*
Un giro a Roma, Colosseo e passeggiata tra i fori. Tovaglia a quadri bianchi e rossi, bucatini all'amatriciana e birra Peroni. Questo mi fa sentire a casa.

Il primo mese trascorre tra abbracci, sorrisi e pianti della mia famiglia e amici. Se il ritorno è questo, partirei e tornerei più spesso! Dopo il primo mese, c'è come qualcosa di intrinseco alle persone, qualcosa che non possono far a meno di chiederti: "Allora che fai ora? Hai trovato lavoro?"
Allora, sono tornata da un mese, già è difficile accettare il fatto di essere tornata, deve ancora arrivarmi una valigia, la mia camera sembra un accampamento con vestiti appoggiati ovunque, cappellini e infradito, e a dirla tutta io ho paura.
Inizio a mandare curriculum ad ogni tour operator della zona e non, agenzie di viaggio, hotel. Faccio colloqui. Mi rifiuto. Non mi presento alle prove. La gente non mi dà nulla. La gente mi sembra vuota. Io sono tornata in Italia per dare una possibilità alla mia nazione, al mio Paese, alla mia patria. Sento che non voglio atterrarla con i soliti pregiudizi, voglio di più dal mio paese. Non voglio un lavoro da etichetta. Da ufficio. Non ce la farei. Insegnavo lingue sotto ad un albero in infradito, a Darwin. Lo so, è diverso. Ma non voglio accontentarmi. Sento il bisogno di qualcosa che mi dia di più, voglio io per prima dare di più. Troppa

gente attorno che non capisce. «Finché rifiuti colloqui, non potrai trovare lavoro.»
Forse non è quello che voglio fare io. Non mi basta un lavoro da otto ore al giorno, con i miei orari, con i miei compiti, con un computer e seduta tutto il giorno. Voglio **sentire** le persone, voglio **dare**, **costruire. Voglio di più.** Sto cercando la mia strada.

D'un tratto, un ricordo.

«You will be a teacher. You must become a teacher. Please, promise.»
Mi disse Tim, il caporale dell'esercito di Darwin, per cui lavoravo come cameriera. Diceva che avrei potuto piantare dei semi nelle persone e farli crescere con amore e dedizione. Diceva che ovunque andrò, ovunque un giorno viaggerò, ci sarà sempre qualcuno che avrà bisogno di imparare. Tutti abbiamo sempre bisogno di imparare da qualcuno.

Ora sono insegnante di inglese per i bambini dell'asilo. Ecco, Maggiore Timothy, ho mantenuto la mia promessa.

Non abbandonate i vostri sogni, mai.

4 mesi dopo…

Vado. Il dove Sono mi chiama.

Seduta alla scrivania di una stanza a Padova, di fronte ad un cielo che non riesco a sentire mio.

Un anno fa. Un anno fa partivo. Un anno fa andavo alla scoperta di me stessa. Un anno fa, oggi, ero arrivata a Melbourne.
Sola, io eD io, a cercare ciò che non avrei nemmeno mai potuto immaginare. Quest'anno è passato veloce come un battito di ciglio.
Quest'anno è stato l'anno più meraviglioso di tutta la mia vita, finora. Guardo questo cielo, e non mi dice nulla. Restare in Italia è una scelta. Non indifferente, sia ben chiaro. Adoro quello che faccio, e vorrei potesse bastare. Ma c'è quel qualcosa in più che manca. E non riesco a capire esattamente cosa. Non mi manca Melbourne in sé, forse un po' si, forse mi manca l'Australia. Ma forse mi manca vagabondare. O forse dopo un paio di mesi in un posto sento che è già tempo di cambiare.
Andare, e basta.
Andare senza sapere dove arriverai, ma semplicemente andare. Ricominciare di nuovo da zero, tutto. Tanti dicono che non ce la farebbero, a me manca un po'. Dopo un anno fuori dall'Italia, per certi versi ero felice di tornare. Non sapevo come sarebbero andate le cose, ma avevo deciso di tornare, per **camminare assieme**. Assieme alla persona che mi ha insegnato ad ammirare un tramonto, alla persona che mi ha cucinato le scrambled eggs quando io non avevo voglia di nulla, alla persona che mi ha staccato una sanguisuga dalla caviglia, alla persona che, con gli occhi che brillano e gli angolini della bocca in su, ancora oggi mi dice sempre che "andrà tutto bene". Proprio come quella volta alle casette di **Brighton**. Con lui, ho deciso di tornare. Ora lo sono, serena. E la serenità va sudata, eccome se va sudata. Non è

facile stare qui, quando per un anno hai vissuto più o meno alla giornata.

Tante volte, ora, il dov'ERO mi chiama, il dov'ERO di qualche mese fa.

E lo fa indiscretamente, attraverso persone, attraverso foto, attraverso ricordi che fanno un gran rumore tra la mia memoria. Non c'è un giorno, che non pensi all'Australia. Non passa davvero giorno, che non ci pensi, che la terra dei canguri, dell'oceano e della natura selvaggia non riesca a far capolino nella mie giornate.
Come l'Australia ti entra dentro, solo chi ci è stato lo sa. Ti entra dentro scardinando le tue certezze e facendo delle tue paure solidi pilastri su cui iniziare a costruire una zattera con cui iniziare a viaggiare nuovamente...
Mi manca la musica di Swanston St, mi mancano gli insalutari e soffici muffin del 7/11, mi manca fare spesa alle undici di sera al Coles, mi manca il mio *caffè latte weak take away.*

Padova. Vado al bar e chiedo un caffè latte. «Intende un latte macchiato, vero?» «Non esattamente, ma va bene lo stesso, grazie.»
No, non intendo un latte macchiato. Intendo, un caffè latte. Sul bicchiere di vetro, e magari vorrei anche un cuoricino disegnato sopra con la crema del latte, per augurarmi buona giornata. E pure che qualcuno mi dicesse *"Have a lovely day!"*. Sarà di rito, sarà ormai senza troppo significato. Ma a me piace rispondere, e lo intendo veramente, che abbiano una giornata *lovely.*

Restare è una scelta. Restare significa che per amare questo cielo devo trovare l'unico spiraglio di sole che riesce ad uscire dalle nuvole e da questa nebbia che non mi fa vedere nemmeno a un metro da me. Restare significa che per ammirare un **tramonto** come quello di **Darwin** a Mindil Beach, me lo posso sognare. Ma tu, me l'avevi promesso, che una volta tornati, avremmo cercato il nostro angolino speciale da cui ammirare il tramonto. L'angolino speciale da cui ammirare la **via lattea** come quando eravamo nel free camping a Kendall, nel NSW, abbracciati su una sedia da campeggio, abbracciati dalle **stelle**. L'angolino speciale in cui sentirsi **liberi**, come quella corsa che feci lì, a **Whiteheaven beach**. Volavo su quella spiaggia, capelli al vento, piedi nudi sulla sabbia bianca e un orizzonte senza fine, cercando di assaporare e ricordare tutto quello che potevo.

Cercare qui, tutto questo, si chiama **coraggio**. Cercarlo qui, significa essere abbastanza forti per voler capire che **casa** è dove c'è **amore**, lo dirò sempre. Che sia in Australia, che sia in Italia, che sia in giro per il mondo. "Casa" è stata una macchina per un mese e mezzo, nel nostro viaggio on the road. "Casa" non sono quattro mura, è un **sentimento**. E sono convinta che ne varrà la pena. Insegno ai miei bambini quanto sia importante imparare l'inglese, perché anche molti di loro, un giorno, spiccheranno il volo. Insegno loro quanto sia bello viaggiare e vedere posti diversi e conoscere persone nuove, da tutto il mondo. Insegno loro ad amarsi. Loro insegnano a me che non c'è un motivo per non sorridere al mattino, mi insegnano che ci vuole così poco a chiedere scusa e a fare pace ed abbracciarsi di nuovo. Mi insegnano che avere il **cuore sincero** e **leggero** è l'unico modo per vivere appieno. Mi insegnano che ci vuole pazienza, costanza, ma anche tanta voglia di lasciarsi andare, buttarsi per terra, sporcarsi, riempirsi di brillantini ovunque, **ridere**.

Fra un'ora ho lezione. Vado. Il **dove SONO** mi chiama.

Nel frattempo, una guida del Cammino di Santiago mi aspetta incombente sul comodino.

«Non mi dimenticherò di te, Teacher Alice!»

29 Giugno 2015
Padova

Ricordo ancora con emozione e nitidezza quel giorno di ottobre, in cui, arrivata nel parcheggio di fronte alla scuola, vidi quella moltitudine di bimbetti saltellanti, urlanti, piangenti e gioiosi nel giardino.

"Coraggio, scendi dalla macchina ed entra. Andrà bene", pensai per farmi forza.

Venerdì è stata l'ultima lezione alla scuola materna. Eh già. Già l'ultima. Nove mesi sono letteralmente volati da quando siamo tornati in Italia; nove mesi da quando, nel giro di poche settimane, ho trovato lavoro come *English teacher* nelle scuole materne. Nove mesi da quando una sessantina di pargoletti di cinque anni sono entrati più o meno prepotentemente nella mia vita. E me l'hanno cambiata, quella vita.

La recita di fine anno poi, è stata uno di quei pochi momenti nella vita in cui l'emozione è davvero forte. Diversa da un esame all'università, diversa da un colloquio di lavoro. Sei tesa, i genitori davanti vestiti in pompa magna con mille macchine fotografiche pronti all'assalto, videocamere, fratelli, sorelle, nonni e cugini invitati per il grande evento. E poi ci sono le altre maestre, anche loro giudici del mio lavoro. E poi c'erano loro, bellissimi, con quella magliettina dipinta a mano un Po' pasticciata, della bandiera inglese. Avevo le lacrime agli occhi. Dieci minuti in cui loro cantano e si divertono, sempre con il sorriso. Sono così orgogliosa di loro, mi strabocca il cuore. Ci prendiamo i nostri meritati applausi e dopo averli premiati col diplomino (andranno alla scuola primaria, l'anno prossimo!), devo salutarli. Il cuore è in gola.

Loro, così piccoli ma già così Persone. Loro, a cui sembra che io abbia insegnato tanto, e invece loro a me hanno dato di più. Loro, che iniziano ad inventarsi le parole in inglese, che si buttano, che tentano, che si divertono, che non hanno più paura dello stacco dalla nuova lingua, che non hanno paura di non capire tutto quello che dirò perché «Teacher, quando parli cerco di capire cosa dici con le parole che conosco».

Loro, che riconoscono nei tuoi occhi la passione, l'amore per ciò che fai. Perché l'amore si vede, l'amore viene da dentro. E ti regalano biscotti, cuori, disegni, macchinine, fiori. E ti baciano e ti abbracciano e vorrebbero tornare a casa con te. *«Teacher adoro il suono della tua voce!»* mi ha detto un giorno una bimba.
E poi ci sono quelli che hanno il viso più angelico di questo mondo e mentre parli decidono che il posto migliore per ascoltarti è sotto al tavolo e non c'è ragione di smuoverli. Chi decide che durante la lezione sugli animali, abbaierà come *dog* per tutta l'ora. Chi decide di tentare la strada dell'adulazione dopo esser stato ripreso per aver tirato i capelli ad

un compagno: *«Non l'ho fatto apposta ma Teacher hai proprio una bella treccia oggi!»*
Chi urla a squarciagola: *«Nelle regole c'è scritto: DON'T SHOUT!!!»* Chi ti dice che se gli inglesi non hanno la nostra "ERRE" italiana, è un loro problema, chi ti chiede perché *book* non si scrive *BUC,* chi si inventa: «Teacher che bella la tua *borset*!» «*Pardon,* Chiara?» «*Borset,* la tua borsa teacher, insomma non capisci!?»
Chi piange, chi si mortifica, chi non accetta le sconfitte, chi insegna, chi ride, chi è in amore, chi vuol mostrarsi bello, chi ride a crepapelle, chi legge, chi ancora si sente piccolo, chi invece deve essere grande, chi è curioso, chi parla imitandomi, chi mi mostra le ferite, chi regala, chi sogna di fare la principessa da grande, chi il poliziotto, chi l'astronauta, chi l'esploratore.

Per non parlare della loro unione. I bimbi sono uno diverso dall'altro, naturalmente. Uno con gli occhietti a mandorla, uno con la pelle marrone scuro, uno rosa, uno marroncino chiaro, uno con i capelli crespi, uno con gli occhiali, uno con la protesi alla gamba, uno con la 's' sibilante, uno musulmano, uno cristiano, uno *a me piacerebbe moltissimo fare religione ma la mamma dice che si è dimenticata di iscrivermi!* Diverse vite, diverse scelte familiari, diversi paesi d'origine, un solo mondo dove abitare. E questo lo sanno, pazzesco, tanto quanto meraviglioso. Vorrei se lo ricordassero per tutta la vita.

Ecco, è arrivato. È arrivato *QUEL* momento. Quel momento in cui bisogna salutarsi. Non li sopporto

quei momenti. Non sono brava con gli addii. Nemmeno con gli arrivederci, se è per questo. "Oggi è l'ultima lezione, fatti coraggio, entra e vedi di non piangere!" mi sono detta venerdì, dopo aver parcheggiato di fronte al giardino della scuola.
«Teacher io non voglio che vai via! Facciamo tutti una foto assieme alla teacher! Non mi dimenticherò di te!» disse la bambina che amava fare il *dog* durante le mie lezioni.
"Ce la posso fare, trattieniti Ali", penso.
«Abbracciamo tutti la teacheeeeeer!» gridò la bimba a gran voce dirompente. Mi si stringe il cuore e mi pizzica il naso. Mi si riempiono gli occhi di lacrime, le rimando indietro. È proprio un bel momento.
Grazie bambini.
Grazie per avermi fatto capire che questa è la mia strada, per avermi dato la consapevolezza che sto facendo esattamente quello che *dovevo* fare. Quando qualcuno in Australia mi disse che in me vedeva un'insegnante, che avrei provato immensa gratificazione nel piantare dei semi di conoscenza nelle persone e vederne crescere la piantina e i frutti; forse non si sbagliava.
Dear children, grazie per gli infiniti sorrisi, la semplicità, la voglia di vivere, l'entusiasmo e l'amore incondizionato che mi avete trasmesso, vi terrò nel cuore e porterò tutto questo in Ecuador con me.
Buon cammino *my sweety little monkeys.*

Teacher Alice

"Fallo quell'atto d'amore, offrilo!" riflessioni in aereo verso l'Ecuador

Cercando di trovare la posizione più comoda *sedile-copertina-cuscino-braccio-invadente-del-vicino* in un Boing 5510 diretto a Quito, mi sento ispirata e quando succede, meglio scrivere.
Con addosso solo un paio d'ore di sonno misto ad eccitazione, i miei pantaloni da viaggio e l'adrenalina che mi scorre dentro, sto partendo. Sto partendo per Quito, per l'Ecuador. A dir la verità, la mia destinazione finale è Salasaka, una zona rurale remota a quattro ore da Quito, verso sud.

È sempre difficile spiegare alle persone che ti vogliono bene il perché di certe scelte. Difficile, estenuante e a volte, purtroppo, inutile. Capisci che ci sono distanze mentali insormontabili, e distanze fisiche che invece uniscono, rendono addirittura indissolubili certi legami.

Avevo undici anni quando per la prima volta, andai da mia nonna a chiederle perché io, Alice, fossi nata qui, e non in Africa, al posto di uno di quei tanti bimbi che vivono in quelle condizioni di povertà. Al posto di uno di quei tanti bimbi che, tante volte, non ce la fanno. Non sopravvivono. Negli anni non sono ancora riuscita a trovare una risposta piena e forse mai la troverò, ma continuo a cercarla.

Se le cose sono così, non significa che *debbano* esserle.

E io non riesco a stare ferma e **cercare** mi fa sentire viva, parte di questo mondo.

Durante il mio anno in Australia, la vita mi ha dato tanto. Tantissimo. Mi sono sentita quasi debitrice nei confronti di tutto quello che ho ricevuto, che ora è il momento di restituire, di dare. Ma dare sul serio. È per questo che parto, per **dare**. Voglio dare me stessa, voglio donare me stessa in quest'esperienza. Sento il bisogno di spendermi per la vita, di spendermi per gli altri. Sono *teacher,* questo so fare, e questo voglio dare.

Trovai *Escuela Katitawa* in giro per la rete, un paio di mesi fa. Mandai il curriculum, mi risposero il giorno dopo dicendo che mi avrebbero aspettato con piacere *whenever I feel like.*

Non sono stata decisa fin dal principio, ho controllato svariate volte *viaggiare sicuri.it,* guide varie, ascoltato il parere di gente che puntualmente mi chiedeva *cosa* andassi a fare in un paese così, all'ASL mi hanno dato della sconsiderata perché non ho voluto farmi almeno 10 vaccini. Ci sono stati momenti in cui, a leggere di rapine a mano armata, qualche tentennamento l'ho avuto anch'io. E ad essere sincera, anche più di uno.

Ma io la sento, questa forza, questa forza di ***andare.*** E quando questo impeto lo sento dentro, dalla parte più viscerale di me stessa, mi dico che forse Qualcuno, a caso proprio non ce l'ha messo.

Il fatto è che questa scuola ha bisogno di volontari, ha bisogno di persone che spendano il loro tempo per questi bambini. Ha bisogno di me. E per me non intendo io, piccola formichina nel mondo... Intendo tutti.
L'altro giorno, al bancone di una caffetteria bio vicino casa mia che ho scoperto da poco (fanno di quelle crostate buonissime al farro con marmellata ai frutti di bosco) mi è capitato di leggere questa frase del Dalai Lama:

"Se credi di essere troppo piccolo per fare la differenza, prova a dormire con una zanzara".

Quanta verità. Per quanto piccoli, prima o poi noi ce ne andremo, ma le nostre idee, il nostro amore, ciò che abbiamo fatto e chi siamo stati, resterà. Non cambierò il mondo, lo so, e non lo pretendo. Non ci ambisco nemmeno (Questo sì dai. Sì, forse un po' sì!).
Ma se potessi cambiare la giornata di qualcuno, se potessi portare il sorriso nella vita di qualcuno, se potessi rendere migliore la vita di qualcuno insegnando ciò che so... Caspita se ho voglia di farlo! Forse troppa ambizione, ma che adrenalina, che verità!

Da qualche anno, non vado a messa molto spesso, ma ultimamente, quando mi capita di andarci, c'è sempre un *messaggio* per me. E questa cosa, è semplicemente straordinaria. Il *caso* ha smesso di esistere da molto per me; per lasciare spazio ad una sensazionale rete di collegamenti e significati. Domenica mattina, durante la predica, Padre Alessandro ha urlato a squarciagola:

"FALLO QUELL'ATTO D'AMORE, OFFRILO!"

Avevo i brividi. Quelle parole mi sono entrate nelle vene, e spero siano entrate anche in quelle di mio padre, che mi era a fianco.
Tutti abbiamo dei talenti, il nostro talento va scoperto, coltivato, offerto.

Dovrei rinunciare a tutto questo per la paura? La paura che succeda qualcosa, la paura che blocca ogni esperienza, la paura che ti fa rimanere fermo, inerme alla vita? No.

Sarà che dopo l'Australia i miei genitori pensavano che non sarei più partita: a posto, la sua esperienza l'ha fatta, rimarrà a casa per tutta la vita. Povero papà. Vorrei mi capissi. Io desidero fare, desidero essere. E so che in fondo sei orgoglioso di me, ma non me lo dirai mai.

E poi c'è lui, che cammina con me da un anno e mezzo quasi, gran parte della mia forza, che mi dice: «Ali vai. Io sono con te, sono fiero di te.»
E con le lacrime agli occhi piene di felicità e consapevolezza, ho comprato il biglietto per Quito, fatto il vaccino per la febbre gialla, caricato lo zaino con qualche vestito, un sacco a pelo, una torcia, 2 chili di colori ed acquarelli per i bambini e sono partita.

Alla fine, questo è il tempo, corto o lungo che sia, che ci è stato dato per fare della nostra vita un capolavoro, per fare qualcosa di grande, più grande di noi, ognuno in base ai propri talenti.
E quindi si, questa è la mia scelta. Ogni scelta porta il proprio carico di coraggio, se fatta consapevolmente. Il problema è che molte volte non c'è consapevolezza. Quindi è più facile nascondersi dietro a mille *ma* piuttosto che preparare la valigia aggrappandosi ad un ***forse.***

Questo è il mio meraviglioso *forse.*

Ora vi lascio, qui davanti nel mio schermo c'è una coraggiosa Nicole Kidman che nel suo primo giro in mezzo al deserto australiano, con a fianco il muscoloso e affascinante mandriano esclama emozionata con fare decisamente britannico: "*Oooooh a kangaroo, I've never seen a kangaroo before. It's jumping!*". Che ridere. Però è una gran donna, sa pure cavalcare.
Anch'io voglio imparare a cavalcare, prima o poi.

Mi godo *Australia* e rimetto le mani sotto la copertina di nylon rossa anche piuttosto morbida.

Ci si sente a Quito, *amigos.*

Dopo una settimana, la mia vita a 2850 metri d'altezza

07 Agosto 2015
Salasaka, Ecuador

È l'una del pomeriggio, ho appena finito di mangiare la mia ciotolina di riso bianco e nella pace di questo freddo pomeriggio ecuadoriano, ben coperta fino al naso dal mio sacco a pelo, racconto la mia prima settimana qui.

I primi giorni a Quito sono trascorsi veloci, tra passeggiate in città, qualche amicizia fugace all'ostello, sette ore di fuso che mi facevano andare a letto alle otto di sera e alle quattro di mattina avere gli occhi spalancati a guardare le travi di legno sporco del letto sopra il mio.
Girovagando per la città, come mio solito, mi sono persa, e tra le meravigliose case coloniali bianche e le viuzze della Ronda mi sono ritrovata in una cioccolateria ecuadoriana. La signorina mi porta una cioccolata con cacao raw all'80%. Amarissimo, rispetto a quello a cui sono abituata, ma delizioso. Per il pranzo trovo un posticino chiamato *Naranjilla Mecanica*, un pochino fuori dal centro. Entro, sembra la casa di qualcuno. Mi dicono che per mangiare si va nella terrazza. Wow! I muri decorati con graffiti colorati, la vista meravigliosa della città. Un *hamburguesa con pechuga de pollo,* mi leggo la guida e studio la mappa della città. Mi godo la ***mia*** compagnia.
Il giorno seguente sono a visitare la *Mindo Cloudy Forest,* la foresta nebulare, dove Alirio, la guida, ci porta prima a far colazione in un caffè,

praticamente a casa di due signori, che ci preparano *yogur, cereales, huevos revueltos, pancakes con mermelada de fresa* e succo di *guayaba.* Una volta arrivati, facciamo tutti e dieci i cavi della *zipline* che corre sopra la foresta nebulare. Che adrenalina! E che panorama da quassù. Sotto di me le montagne ricoperte di fitta foresta verde che in lontananza scompaiono poco a poco tra le nubi grigie, quasi fossero evanescenti.
Un'umidissima passeggiata nella foresta fino alle cascate tra liane, alberi centenari, foglie dalle dimensioni abnormi e un cielo che quasi non si vede da quanto fitto è il fogliame delle piante e degli alberi tropicali.

Il sabato parto per il villaggio, mi aspettano. Devo prendere un taxi fino al terminal *Quitumbe* e da lì l'autobus che in qualche ora mi porterà a *Salasaka.* Mi sveglio presto, in spalla il mio troppo pesante *backpack* e mi metto in viaggio.

Sono seduta in un sedile anche abbastanza comodo dell'autobus che mi porterà a *Salasaka,* con il mio zainetto ben stretto al petto (perché "*cuidado en el autobus, ponte la mochila sobre las piernas porque allí cortan y ropan todo*").
Bene, dal finestrino di questo sicurissimo bus, mentre cerco di non pensare al fatto che in 3-4 ore mi si informicoleranno gli arti, vedo e osservo la vita ecuadoriana.
Non riesco a paragonare questa realtà ad altre che ho già visitato, e questa cosa un po' mi destabilizza, come se dovessi per forza classificarlo, l'Ecuador. *Panadería, pastelería, ferretería, pollería.* Tutto

questo si alterna a colline e montagne verdissime... Un attimo.
È salito un ragazzino che ha iniziato a dare delle caramelle alla gente seduta e ora sta cantando "*un dollarito, un dollarito para mis estudios... Me levanto muy temprano con mis hermanos...*" . Mentre canta, urlando, la sua testa è reclinata e i suoi occhi sono fissi a guardare fuori dal finestrino, lucidi. Sta recitando a memoria qualcosa che chissà quante altre volte avrà già recitato. Ad ogni fermata sempre più gente sale e i negozi dei paesini si diradano sempre più. Nell'autobus continua ad entrare gente, entrano venditori di giornali, di pop-corn, di gelati al cioccolato e *mandarinas.*
Ritorno a guardare fuori. Qualche mucca e qualche pecora tra una "casa" e l'altra. Ora un ragazzo sta cercando di vendere delle barrette di cioccolato dai particolari poteri energetici. Il volume della *samba* si alza e l'atmosfera è un misto tra un "*mi reina, le interesa ese producto?*", indovinelli per vincere la famosa barretta di cioccolato, clacson e gente che continua a salire... Volevo dormire ma non mi pare sia il caso.
«*Las mujeres la detestan y los hombres la aman. Que es?*» Chiede il ragazzo-venditore a gran voce.
La signora seduta a fianco a me: «*la vagina!*» risponde ammiccandomi con il braccio ed esplodendo in una gran risata.
Più ci allontaniamo dalla città, più la situazione degenera...

Arrivata al ponte di *Salasaka,* salgo sul retro di una *camioneta* per 50 cent e arrivo alla *Casa Comunal Mangiwa* dove mi aspetta Lynette, una ragazza

francese che è qui da un anno. Mi mostra la mia stanza, io mi sistemo e inizio a fare un giro. Ho vagato per un po' senza saper esattamente cosa fare, finché non è arrivato *Robert,* il fondatore della scuola. Mi chiede se voglio andare con lui a prendere i vasi per il vivaio, così andiamo, insieme a *Doris,* una ragazza del paese che lo aiuta ad ottenere buoni prezzi sulla merce. *Doris,* aiuta anche me a prendere un *poncho* di lana bello grosso, che tenga caldo, qui fa un freddo cane. La sera vado a letto presto, dopo aver mangiato *pollo asado* e riso.
Alle quattro ovviamente sono sveglia, ancora non sono abituata al fuso e quando mi sveglio al mattino ancora fatico a respirare, per non parlare di quando faccio le scale.
Faccio una passeggiata fino in centro, tutti sono cordiali, mi salutano. Compro delle uova, del pane e del caffè. Lo stretto necessario per la sopravvivenza, non so ancora cosa prepareranno da mangiare qui. Appena rientro *Robert* mi blocca e parliamo moltissimo. Ha 83 anni, porta i jeans, un maglione di lana blu con i lama ricamati, un cappello a tesa larga e una folta barba bianca. Lui viene dal Mexico, ma ora vive qui da vent'anni ormai; l'unica cosa che gli manca è il cibo e il caffè. È un vulcano di idee, ha moltissimi progetti in mente. Ma quello che serve e non sempre c'è, sono *money-people-time.*
Mi faccio due ovetti sbattuti e poi una passeggiata nella direzione inversa al centro. In serata arriva una famiglia dalla California, una madre con due figli adolescenti. Dice che vuole mostrare ai suoi figli quello che potranno fare un giorno, se

vorranno. Essere per gli altri, volontari, aiutare. Gli mostra una realtà diversa, una realtà che per quanto si possa studiare nei libri di scuola, non arriva al cuore se non vivendola. Che meraviglioso insegnamento. Ho preparato per loro la pasta al pomodoro e in cambio, mi hanno invitata a fermarmi da loro in California quando farò il giro degli *States*, one day.

Il giorno seguente conosco gli altri volontari: *Jessica* dal Texas, *Jeanne* dalla Francia, *Sara* da Napoli e Jonathan dalla Florida.
Ho le mie prime lezioni di inglese:
Josué 10 anni, che ogni dieci minuti mi chiede: «*descanso?*» «*no Josue', no todavia!*». Dopo due minuti: «*descanso?*» «no Josueeeeé'!»

Nel pomeriggio arriva *Daniele* e poi *Viktor,* sui venticinque anni più o meno, e facciamo un po' di conversazione e rivediamo qualche regola di grammatica.
La sera, dopo cena, sentiamo che c'è una *Boda* poco più avanti nella via, e decidiamo di andare al matrimonio. Tutti sono invitati, tutto il paese. Saltiamo su una *camioneta* e arriviamo al matrimonio. Nessuno ballava, tutti ci guardavano come se fossimo stranieri; effettivamente lo eravamo. Loro, gli uomini di Salasaka, vestiti con questi enormi *ponchos* neri sopra a delle camicie bianchissime. E loro, le donne, con questi pantaloni attillati fino al ginocchio, calzini lunghi bianchi e mantelline verdi scuro, rosa o rosse. E questi cappelli a tesa larga tipici di qui. Un sacco di gente,

il palco dove suonano, piccoli tavolini dove fanno lo spiedo e vendono da bere.
Una birra, due. Noi iniziamo a ballare al ritmo di *Runa Cuna* e dopo un po' ci ritroviamo a ballare in cerchio, tra di loro, tra i locali. Saltelliamo e balliamo. Uno di loro sta nel centro e offre bicchierini di rum a noi, del cerchio danzante.
E quel momento, in cui danzavo e saltellavo libera e leggiadra ad un matrimonio ecuadoriano con persone appena conosciute; quel momento, proprio quello che dura così pochi istanti, è uno di quei pochi in cui non esiste differenza culturale, di lingua, di religione.
Tutti lì, a danzare nella notte, al ritmo di *tu tu ru tu tu tu.*

I giorni passano e anche se continuano ad arrivare ragazzini che devono passare gli esami di recupero, più o meno ho i miei soliti alunni. Al mattino ci sono *Fernanda* e *Andy,* 15 anni, abbiamo iniziato inglese dal principio. È dura, non sono abituati a studiare, a fare i compiti. Poi c'è *Sammia,* che deve passare l'esame di recupero di inglese il 18 agosto, è venuta ora alla scuola. Sua madre pensa che farò un miracolo probabilmente. Presente con *do, does,* negazioni, domande, tutto il passato e una lista infinita di verbi irregolari da imparare in meno di due settimane. E non sa nemmeno fare lo spelling. Noi ci proviamo, io le ho detto che questo esame *tenemos que pasarlo!* Speriamo che *Sammia* creda in sé stessa quanto ci credo io.

Questo weekend andremo a Montañita, al mare, a dieci ore di autobus da qui, giusto una gita fuori porta. Spero farà caldo. Quanto mi manca il caldo. Ora vado, a quest'ora la doccia dovrebbe essere calda. La attendo da giorni, la mia doccia *calda.*

Tra Montañita, Baños e sorrisi che scaldano l'anima.

08 Agosto 2015

Siamo partiti ieri sera, dopo lavoro e abbiamo fatto tutta la notte in autobus, un sei-sette ore. Ora siamo nel secondo bus, quello che da Guayaquil ci porterà a Montañita.

La strada è pressoché deserta, si alternano cespugli incolti a immense distese di terra secca e paludi, cisterne per la bonifica.

Capanne, case in costruzione e murales azzurri con su scritto "vota Alcalde Rodriguez". Qualche macchina, cani randagi, pochissimi bar. Ancora terra incolta lasciata a sé stessa, ed enormi pozze di acqua piovana. Una sola strada principale.

Montañita è una cittadina turistica per i backpackers sull'aria di "Peace, love and surf". Peccato che quando siamo arrivati noi il tempo non fosse a nostro favore. Mi manca il sole. Ma torniamo alla città. Molto hippy, le viuzze sono piene di bancarelle etniche che vendono bigiotteria, artigianato locale e ragazzi che tentano di vendere qualunque cosa pur di guadagnare, dalle empanadas de queso, alla chevice, all'intrecciare capelli e dreads. I bar e ristoranti sono stile capanna, con tetti di paglia e interni in bambù. Dopo una colazione a base di *jugo dei naranja y pancakes con fresas y platanos* abbiamo trovato un alloggio cheap all'ostello "centro del mundo", tutto di legno, direttamente affacciato sull'oceano. Le lenzuola sono piene di sabbia, i letti umidi, la

doccia fredda. Sulle terrazze, ci sono le amache, qui ogni casa ha un'amaca. Le vendevano, avrei voluto comprarne una, ma costava troppo. L'Ecuador sembra cheap, in realtà non lo è poi così tanto, quando ai bagni del terminal dei bus ti accorgi che devi pagare un surplus per avere la carta igienica.
Comunque, torniamo alle bancarelle. Avrei comprato di tutto. Dalle collane con le pietre incastonate ai braccialetti ricamati in macramè, alle stoffe colorate, ai cappelli, a decine di comfy pants coloratissimi e dalle fantasie più disparate.
Mentre cammino per la spiaggia, compro una cavigliera con la pietra del sole e della luna da due ragazzi brasiliani che stanno viaggiando e si guadagnano da vivere così. Parliamo un po', mi chiedono da dove vengo e cosa ci faccio a Montañita. Racconto del volontariato e della mia vita in Italia.
La ragazza prende un doppio filo verde dalla tasca, mi dice di esprimere un desiderio, intreccia tre nodini nel centro e me lo allaccia al polso. Mi piace avere al polso o alla caviglia promesse, desideri, ricordi. Ogni volta che li guardo, mi fanno venir in mente che l'Alice di ora è fatta di tanti pezzettini di cuore, di esperienze, di viaggi, di persone.
L'oceano Pacifico non è lo stesso dell'Australia, qui è grigio, non mi dà emozioni, sarà che anche la giornata è grigia.
In serata, quello che riscalda veramente gli animi è la musica. La gente balla per strada, sul marciapiede, sulla sabbia davanti a uno dei tanti bar sulla spiaggia. Musica commerciale, raggaeton, salsa, di tutto un po'. Entriamo in un locale, è gratuito. Tutti ballano, lo sentono nelle vene, il

ritmo. C'è una complicità pazzesca fra uomo e donna, in ogni passo, in ogni sguardo. Ci divertiamo un sacco, io, Sarah e Jonathan. E un ragazzo ecuadoreño che si è aggiunto al nostro gruppo, insegnandoci a ballare alcuni passi. Difficile spiegare la sensazione che ho avuto, come se la musica riuscisse ad unire tutti, da chi è in infradito e canottiera appena tornato dalla spiaggia, a chi tutto ben vestito è preparato per una serata speciale, a chi balla in coppia, con amici, a chi, come noi, era lì per caso. Grazie a quel ritmo che ti entra nella testa anche abbastanza prepotentemente, ti svegli al mattino canticchiando "yo no quiero agua, yo quiero bebida".

10 Agosto 2015

Siamo tornati a Salasaka, nella pacifica e tranquilla Salasaka. Le lezioni proseguono e la sera si decide di cucinare crêpes con la ricetta che assolutamente mi sono fatta dare, di Jeanne. E si cucina, tutti assieme, chi più chi meno, ascoltando musica jazz e blues, *relaxing, having a couple of beers, you know... The music does everything!*
Più tardi, parlo con Jeanne della nostra esperienza in Australia. Lei fra poco tornerà a casa, in Francia, dopo un anno di viaggio. Quanto la capisco. Le parlo del mio, di viaggio. E sarà che l'Australia rimane sempre nel cuore di tutti, ma mi emoziono ogni volta che racconto la mia storia. E poi quella mia e di chi è in Italia ad aspettarmi. Ogni volta.

Parlare di luoghi, di stelle, di oceano e di outback con qualcuno che pur non conoscendoti, sa di cosa

stai parlando, ed emozionarsi assieme solamente guardandoci negli occhi umidi di ricordi, non ha prezzo.
Parliamo di cosa significhi "vita reale". Molti, il tornare a casa, lo definiscono il tornare alla vita reale. E questa non lo è? Un mese, sei mesi, un anno di viaggio non è vita reale solamente perché non hai un lavoro da otto ore al giorno che ti fa sembrare sistemato agli occhi degli altri?
Se non è vita questa!
Ho vissuto più in quest'ultimo anno e mezzo che in tutto il resto della mia vita.
Grazie Jeanne per avermi dato la possibilità di ricordare di quanto vera sia la vita che ho scelto.
Buon ritorno in Francia. Troverai la tua strada, ne sono certa.

12 Agosto 2015

Mi annoio. Salasaka è sempre la stessa, non ho molto da fare a parte queste lezioni al mattino e al pomeriggio. Non vedo l'ora arrivi il weekend, andremo a Quilotoa, un po' d'avventura!
Domani farò un test per Sammia, speriamo che in questo pomeriggio freddo e ventoso sia rimasta a casa a studiare e non a scorrazzare in giro in bicicletta con gli amici.
Stavo pensando a Robert. Non sente la mancanza di una donna nella sua vita? La compagnia della dolcezza e della bellezza di una donna? La voglia di cambiare il mondo lo riempie così tanto da bastargli? Sostiene che sia il sistema ad essere sbagliato, che chi se ne importa che quello si chiami Past Simple o Present Perfect. Bisognerebbe

insegnare come noi apprendiamo da piccoli la nostra lingua madre. Quindi a partire dalle cose di tutti i giorni, dalle azioni quotidiane, leggendo, leggendo molto e arrivando per logica al significato. Insegnare secondo le necessità di chi abbiamo di fronte, infondendo l'amore per la lettura, lo studio e l'apprendimento a chi abbiamo davanti. Lui ci crede. E lo percepisco dalle sue parole... "We can always start to change the system, you know?"

Ma quello che mi chiedo io è: quando e in che maniera possiamo realmente sentirci parte del cambiamento? Quando possiamo affermare realmente che il cambiamento è in corso e che sta funzionando? Ancora non lo so.
Oggi il papà di Sammia mi ha portato una bottigliona di plastica di latte ancora caldo, appena munto. Me la dà e aggiunge: «Se Sammia passerà l'esame ti invitiamo pure a cena!» Mmm... Non funziona esattamente così. Innanzitutto Sammia dovrebbe venire a lezione con i libri e i compiti, non con lo zaino vuoto. Non è come insegnare ai bambini, per loro è un gioco, si divertono. Qui c'è sudore, c'è pazienza (quanta pazienza!), ci sono sospiri, parole dure e toni di voce troppo alterati. Ci sono dei GOOD JOB! che gratificano dal cuore, anche se a malincuore, pochi. Credo che in questa fascia d'età, dai 12 ai 17 anni più o meno, sia difficilissimo insegnare qualcosa di cui al ragazzino non gliene può fregar di meno. Non c'è motivazione. Le lezioni della sera sono divertenti, c'è gente che *quiere aprender* veramente. Che mi saluta, che mi ringrazia, che mi chiede com'è andata la mia giornata. È diverso.

Ora la porta del bagno sbatte in continuazione, c'è aria corrente che entra dalla non finestra; e questo mi distrae dai miei pensieri...

14 Agosto 2015

Ad inizio settimana è arrivata la mia nuova compagna di stanza, Nieves, da Valencia, sui trentacinque o poco più. L'altra sera è stata male e mi è svenuta di fronte, un calo di pressione, poverina. Sarà il mal di montagna causato dall'altezza, sarà l'effetto che fa Katitawa all'inizio. Quando le ho mostrato la casa, dopo essersi sistemata, siamo entrate in cucina e sempre ricorderò la sua faccia alla visione della nuvoletta di mosche che aleggia sopra il tavolo.

"Let me tell you guys... The kitchen is really dirty!" Sarà che noi ormai ci siamo abituati.

Venerdì 14 Agosto 2015

Oggi c'è sciopero, la gente protesta contro Alcalda. Nessuno dei miei alunni è venuto stamattina, solamente Sammia, con cui avremmo ripetuto almeno una sessantina di volte i verbi irregolari. L'esame è mercoledì, *tienes que estudiar*! Il pomeriggio finalmente siamo andati a visitare il museo di Salasaka, dove abbiamo trovato un gruppo di turisti da New York a cui unirci. Uno strano odore che vagamente ricorda il pesce avvolge tutte le stanze. La guida nativa ci spiega come il popolo di Salasaka abbia credenze legate alla natura, al sole, alle stelle, alla madre terra e più in

generale, al cosmo. Scopriamo poi che probabilmente quell'odore proviene dalle statue umane rappresentative degli antenati, costruite con capelli veri attaccati uno alla volta e la pelle ricreata con veri enzimi di pelle umana. Quello che manca a queste statue è solamente un cuore che batte e la parola.
Questa cosa mi fa venire i brividi, soprattutto per la lucentezza dei capelli e l'odore di pesce nell'aria.
In ogni caso, gli imprenditori del posto l'hanno costruito tutto con denaro proveniente dalle loro tasche, nessun aiuto dal governo. Cercano organizzazioni che li aiutano ad aumentare la produzione artigianale ed esportare all'estero; ma per ora non l'hanno ancora trovata.

16 Agosto 2015

Il weekend è stato totalmente improvvisato, dopo che una volta arrivate a Latacunga per iniziare poi il circuito di Quilotoa, il Cotopaxi ha deciso di eruttare dopo 138 anni di inattività e la città è praticamente evacuata.
Decidiamo così di andarcene a Baños e trascorriamo il sabato pomeriggio tra bancarelle di artigianato e cianfrusaglie così inutili che avrei comprato tutto, e una cioccolata calda alla Casa Hood, un posticino così carino e accogliente, con tutti quegli scaffali pieni di libri, la musica di sottofondo e la gente così rilassata.
Stamattina mi sono aggregata ad un gruppo di ragazzi incontrati qui in ostello, abbiamo fatto rafting lungo il Rio Pastaza, 18 km di fiume e una corrente niente male. Adrenalina pura. Un

panorama mozzafiato. Il pomeriggio è stato invece a Casa del Árbol, questa piccola casetta di legno con appese due altalene che dondolano a strapiombo sul nulla. Mi dondolo; io, a strapiombo sul nulla.
Fa un certo effetto, una volta sopra. Non vedo nulla perché qui il cielo è così perennemente coperto dalle nuvole che sembra quasi di esserci, dentro alle nuvole. Ne faccio quasi parte.
Prima di ritornare, prendo una *empanada con queso* fritta e un *canelazo*, un tè alla cannella veramente squisito, solo per 1$.

Ora sono accovacciata sopra i miei talloni per non sporcarmi più di quanto lo sia già, in un angolino dell'autobus che finalmente mi riporterà a casa. La mia testa sbatte un po' contro il finestrino, è appannato. Appannato dai respiri di tutta questa gente stipata qui dentro e dalla parecchia umidità nell'aria. Guardo fuori dal finestrino. È buio, c'è qualche stella. Penso a quanta gente meravigliosa ho incontrato questo fine settimana e che probabilmente non rivedrò mai più, a chi ho promesso che potrà passare in Italia perché gli preparerò il tiramisù, a chi sicuramente prima o poi andrò a trovare. Magari in Belgio, in Svizzera, in Nuova Zelanda. Una bambina di fronte a me mi sta fissando, le sorrido. Lei timida, sorride. Dopo un po', mi guarda di nuovo, le sorrido, e stavolta mostra i denti anche lei in un magnifico sorriso. Socchiude gli occhi per sorridere, quasi totalmente, come me. Mi chiede come mi chiamo e dove abito, poi scappa via tra le braccia della mamma, ma continua a sorridermi da lontano. È davvero bella. Oh, un pezzettino di lattuga qui per terra. Non vedo l'ora di farmi una doccia. Torno al mio finestrino, e tra tutta questa gente, penso a te. Chissà se tu, a 10.262 km di distanza, stai facendo lo stesso.

Nel cuore della notte, pulci a parte, io scrivo. It's a beautiful day, today!

Sono le cinque e trentuno di sabato mattina, siamo all'Hostal Tiana, a Latacunga, e io sono riuscita a dormire veramente poco e ora mi ritrovo al computer giusto qui fuori dalla stanza, a scrivere. Non è che mi sveglio nel cuore nella notte perché mi è venuta voglia di scrivere. No. *Definitely not.* Di solito mi piace dormire, la notte. Ieri sera quando siamo andati a letto ho sentito come della sabbia alla fine del letto, ma ho pensato *fa niente, mi tolgo i calzini, voglio restare comoda.* Sento prurito, mi dico *ok Ali, stai calma, non grattarti, sarà qualche insettino, continua a dormire.* Il prurito persiste, sempre più forte e ho freddo per lo più. Decido cosi di alzare le coperte, usare la torcia del cellulare ed illuminare il letto. Eccole lì, loro, nella completa beatitudine, *las pulgas,* ad aspettare qualcuno che ignaro di tutto (mi sono infilata a letto a luce spenta) si sistemi a letto e loro, le pulci, possano iniziare la loro colazione. Ne ho viste quattro ad occhio nudo, ma credo che la sensazione di sabbia fossero altre più piccoline. Mi sono venuti i brividi e ho iniziato a sudare freddo. Io impazzisco per queste cose. Per le punture di zanzara, di ogni insetto. Sono particolarmente sensibile e se solo ricordo per quanto tempo sono andata avanti con le punture di *sandflies* prese alle Whitsundays

Islands, mi torna il prurito. Scendo dal letto a castello e nel buio cerco alla rinfusa la mia felpa ed esco dalla stanza. Per questa notte va bene così. È abbastanza. L’ostello è vuoto a quest'ora, non fiata una mosca. Era da tempo che non sentivo così tanto silenzio. Io e il silenzio. Io e nessun´altro. Io eD io, come mi piace pensare e scrivere. Sono già passate tre settimane da quando sono arrivata. Già. A Katitawa sono arrivati altri due volontari, due ragazze precisamente, una da Melbourne e una dalla Lituania. Il tempo passa così in fretta. Oggi siamo a Latacunga perché domani, cioè fra un paio d'ore, inizieremo il circuito di Quilotoa. Speriamo sia tanto meraviglioso come me l'hanno descritto. Speriamo che il Cotopaxi non erutti ancora. Quando programmiamo qualcosa, tante di quelle volte, le cose cambiano. I piani cambiano. I nostri piani. E a volte ne rimaniamo spiazzati. A volte invece, ci sentiamo cosi in armonia con tutto, che va bene così, è il viaggio, sono gli imprevisti, è la vita.
L´altra sera abbiamo fatto un falò sul tetto, è stata una serata strana. Bella, ma strana. Il fuoco ti fa pensare. Il fuoco arde, davanti a te e il grande Bob torna alla riscossa con *don't worry 'bout a thing, cause every little thing s gonna be all right.* Lo so, Bob, lo so. Le note della chitarra mi portano al presente. Al mio presente. Al meraviglioso presente che ho scelto di vivere. La vita accade proprio quando fai dei piani, inaspettatamente, così, accade ciò che non avevi programmato. Nel bene e nel male. Un falò in una giornata come le altre, cambia decisamente. Vorrei vivere così sempre. E seduti attorno al focolare, ci raccontiamo tutti, a turno,

proprio come nei film. Ognuno racconta la propria storia, più o meno nei dettagli e finiamo a parlare, inevitabilmente di Amore. Amiamo l'amore, tutti, dal primo all'ultimo. Delusioni e sofferenze comprese, fanno parte del rischio. Se non amassimo l'amore, non saremmo finiti a Salasaka. Amiamo l'Amore, amiamo le persone, amiamo la vita. *Fuck, I love people so much*, dice Jonathan. E sono d'accordo con lui. Amo le persone aperte, amo le persone che sono Vita per me. Amo le persone che sono aperte al *cambiamento*, che amano incontrare nuove persone, senza pregiudizi, che sanno parlare e che sanno godere di un silenzio al momento giusto. Amo le persone che sanno guardarmi negli occhi e ridono con me. Perché a volte, non serve parlare. A volte basta uno sguardo, un'intesa e ci si sente complici, amici. Amo le persone che sanno godere di buona musica e una birra insieme, e magari un panorama mozzafiato. Proprio come quello dall'alto del tetto di Escuela Katitawa, in un paesino disperso in mezzo al nulla. Solo noi e il fuoco. Avremmo desiderato che il fuoco non terminasse più. *Andrea* continuava a mettere su legna nel focolare. Era così nostro quel momento, così nostro che a volte stavamo in silenzio. Ognuno nei propri pensieri. E condividevamo quel momento pregno di pensieri, forse preoccupazioni, desideri, piani, sogni.

Voglio questo.

Voglio questo, per il resto della mia vita. Un fuoco sul tetto, una chitarra e delle persone con cui condividerlo. Giovedì sarà il mio ultimo giorno alla scuola. Da una parte non vedo l'ora di tornare, mi manca il formaggio, il salame. Il buon vino. Il mio letto pulito, che non devo disinfestare dalle pulci. Mi mancano molte cose. Ma dall'altro lato, mi sento già malinconica. Già un mese. Già. Da un paio di giorni sto brindando con Jonathan alle cose semplici della vita. A quanto basti poco per sentirsi veramente felici. Al prendere una *camioneta* per sentirsi il vento tra i capelli, per sentirsi già più liberi. Sì, alle cose semplici. ***Cheers to simple things***!

I miei studenti mi hanno invitata al cinema lunedì, e poi a cena assieme. Che carini. Mi mancheranno, sicuramente. Ci divertiamo un sacco e sono così curiosi che metà della lezione la spendiamo a parlare in spagnolo di me, dell'Italia e della mia vita. Ne sono affascinati. A dir la verità, non desidero affascinare, desidero condividere. E ascoltare.
Pensavo alla scioltezza con cui ora mi esprimo in spagnolo. Adoro insegnare inglese in spagnolo. E più passa il tempo più mi sento sicura, più questa cosa mi piace. All'inizio l'ho trovato un po' difficile, ma che stimolo! Adoro pensare e parlare nella vita di tutti i giorni in due lingue differenti dalla mia.
Mi mancheranno anche le mie ragazze del mattino. Abbiamo fatto grandi progressi, da quando abbiamo iniziato da zero. E credo mi mancherà anche Robert che ogni mattina se ne esce con il suo *It's a beautiful day, today!* Anche se fuori piove ed è nuvoloso e la voglia di alzarsi dal letto è davvero poca. Sì, Robert, hai ragione. E voglio farlo valere questo, ogni giorno della mia vita. Sono le sei e

mezzo, ancora nulla, tutti i miei compagni di viaggio dormono beati. Beati loro. Credo andrò a cercare il caffè, ne ho davvero bisogno. Oggi ci aspetta una giornata di hiking intenso, voglio godermelo. Voglio godere della vita.

Quindi oggi, pulci a parte, sì Robert,

It's a beautiful day, TODAY!

L'indescrivibile circuito di Quilotoa, silenzi memorabili, chiaccherate sul tetto e il matrimonio del cugino di un'amica: la mia indimenticabile ultima settimana a Salasaka.

01 Settembre 2015

Seduta nell'autobus che mi sta portando nella giungla, con il finestrino aperto, il vento in faccia e il profumo che proviene di tanto in tanto da qualche panadería per strada, scrivo.
È stata una settimana molto intensa, questa. A partire dallo scorso sabato, quando finalmente siamo riusciti ad arrivare a Quilotoa.
Siamo scesi a piedi fino alla laguna, quest'enorme pozza d'acqua stagnante sulla bocca d'un vecchio cratere. Dopo un'estenuante camminata su terreno sabbioso e acciottolato, trovo finalmente il mio posticino; una piccola roccia giusto a picco sulla laguna. Posto più perfetto di questo, non sarebbe esistito. Mi siedo, mi racchiudo un po' e ammiro. Le sfumature di blu e verde dell'acqua contrastano armoniosamente con lo scuro marrone delle montagne circostanti. Troppa bellezza per i miei occhi, decido di chiuderli e godermi le sensazioni. Una pace disarmante. Arriva Jonathan, si siede accanto a me. Non diciamo nulla, semplicemente condividiamo la pace e il silenzio che ci sono qui, che non sono all'altezza di parole. Non penso a nulla, sul serio. Ma mi sento così in pace. *Simple things*. Cerco di fissare nella mia

mente questo momento, per ricordarmene quando ne avrò bisogno.
Scendiamo ancora più giù e facciamo kayak sulla laguna. Il sole sta tramontando, l'aria si fa più fredda e noi ci fermiamo al centro della laguna, in mezzo al cratere. Siamo noi sei, in silenzio. Ognuno immerso nei propri pensieri intento ad imprimere questo paesaggio e queste sensazioni nella propria memoria.
Qualcuno chiede: «How can you describe all this?»
«You can't» rispondo io.
Risaliamo poi a cavallo, e ci mettiamo una bella oretta. Il mio cavallo è attratto dal panorama e ogni tanto si sporge un po' troppo. Quando tornerò in Italia voglio imparare bene ad andare a cavallo, sì.
La sera, poi, aspettiamo una *camioneta* che ci porterà a Chugchilan, dove non abbiamo ancora riservato alcun ostello, ma siamo speranzosi. L'ostello è magnifico; pulito, carino e coccoloso, non ci sono pulci. Ci sistemiamo, i ragazzi entrano con una bottiglia di vino rosso del Chile, brindiamo tutti assieme, brindiamo a noi. Sembra una giornata perfetta, siamo tutti felici. Bussano alla porta, è la signora delle pulizie, dice che ci stanno aspettando per cena, che la cena è inclusa nel prezzo di 10.50 $ insieme alla colazione. Ma allora è davvero una giornata perfetta. Scendiamo, la cena è calda, buona, saporita. Siamo tutti felici a stomaco pieno. Un caminetto caldo, un tavolo da biliardo e un'altra bottiglia di vino riscaldano la serata e seduti su una panchina fuori, una luna che parla da sola ci riempie gli occhi di serenità, rendendo unica e memorabile questa giornata. Come mi sento libera, come mi sento felice, come mi sento me stessa.

La domenica ci mettiamo in cammino di buon'ora, dovremmo raggiungere il prossimo villaggio in cinque orette di cammino. Cinque lunghissime ore furono, di cammino sbagliato però. Non era il cammino panoramico da togliere il fiato che ci avevano suggerito, è sterrato, ci sono macchine e camion che passano e polveroso. Ad un certo punto sento il desiderio di camminare sola, che desidero solo la compagnia di me stessa, così accelero un po' e grazie ad un buon passo, dopo poco, mi ritrovo a camminare io ed io.
Sto camminando su di una montagna, il precipizio è verdissimo e le montagne sono imponenti. Non penso molto, cammino e mi ascolto. Ogni tanto qualche cane mi abbaia, faccio finta di lanciare un sasso e proseguo. La gente che passa saluta, io chiedo «Cuanto falta hasta Sigchos?»
«Unas horas de camino todo recto» e ci credo, c'è solo una strada. Quando cammini, non importa nulla. Senti solo le dita dei piedi che iniziano a dolere, forse qualche vescica, polvere ovunque, negli occhi e nel collo.
E mi guardo le scarpe, e sono io.
Io e queste Nike comprate a Melbourne che hanno fatto non so quanti chilometri. Io, che passo dopo passo mi sento più vuota o più piena di me stessa, io che cammino tra le Ande e forse mi sono anche persa. Mi siedo in un angolino, raccolgo una spiga di grano e aspetto i miei compagni.
Una volta raggiunto Sigchos, mangiamo qualcosa e inizia il lungo tragitto in autobus verso casa, Salasaka.
Casa ancora per poco.

Sì perché ormai mancano solo due giorni e me ne andrò. Ma non voglio pensarci, è troppo presto.
Il lunedì pomeriggio me ne vado al cinema ad Ambato con i miei studenti, Patricia e Viktor. Come ci siamo divertiti. Come mi sono sentita libera e sicura di muovermi, saltando da una *camioneta* all'autobus. Come mi mancherà tutto ciò. Al cinema vediamo Vacaciones, pellicola americana stupidissima ma divertente.
P.s.: mi sono accorta che in italiano forse non direi pellicola, ma mi è venuto dallo spagnolo *película.* In ogni caso mi piace, decido di lasciarla così!
Patricia mi chiede poi che faccio la sera, se voglio andare ad un matrimonio di un amico di suo cugino.
Ovviamente, dico sì.
E ci andiamo quasi tutti, al matrimonio. Stavolta la gente balla, la musica andina pompa e ti ritrovi con una *cerveza* in una mano e un bicchiere di plastica con un liquido indefinibile nell'altra. Balliamo, ridiamo, saltiamo. Sono io, sono io e mi sento così al posto giusto al momento giusto che più Patricia brinda alla mia *despedida*, un po' mi rattristo, ma mi dico che non è ancora ora. Cose così, feste così, occasioni così, accadono solo in viaggio. Solo se si è aperti a dire sì. Solo se sai dire "Sì, grazie, voglio vivere."
Amo questa vita. Amo. Amo. Amo. Grazie amici per una delle feste migliori di tutta la mia vita.
Torniamo a casa, ma andare a letto sembra così inutile, così insensato dopo una serata così piena di emozioni; che restiamo sul tetto a parlare fino alle cinque e mezzo del mattino.

Il martedì è così triste che il falò della sera vorrei non finisse mai. Guardo le luci della città, lascio che il fumo impregni i miei vestiti per l'ultima volta. Piango di fronte alle fiamme, ma stavolta non per la fuliggine. Piango perché vorrei che questo non finisse. Piango perché amo la vita. E queste persone, questo posto. Amo Salasaka, amo questo posto così sporco con un bagno sudicissimo, amo riso e *papas* tutti i giorni, amo ritrovarsi qui dopo un mese e sentirsi famiglia.

Mercoledì.

Tazza di caffè al nostro posto privilegiato, dove arriva il sole tiepido del mattino e il Wi-Fi pure. Sono malinconica, Jonathan e le ragazze pure. Ormai siamo abituati alla colazione, è un momento particolare, uno dei più belli. Passa Robert "Guys it's ocho!!" E così passa anche la mia ultima lezione. Saluto le ragazze, mi ringraziano e mi chiedono se tornerò.
Forse chicas, forse. Quizás, un día. Spero di aver dato qualcosa, a loro. Spero di aver trasmesso qualcosa di me. Spero di aver trasmesso loro che vale la pena vivere, far fatica, conoscere la realtà.
Per il pranzo scendiamo al Rio, abbiamo preparato un picnic con un sacco di panini squisiti. Buone chiacchere, un braccialetto d'erba intrecciato che terrò con me, qualche indovinello e risate.
Il pomeriggio decido che devo andare al centro e avere quel meraviglioso sombrero e anche quello zainetto in cuoio fatto artigianalmente. Dopo aver fatto affari, i miei affari, non andati come desideravo, ma con un *alpaca* portachiavi in più in tasca (la señora dice di non potermi fare sconti, ma

siccome sono volontaria a Salasaka può regalarmi un meraviglioso portachiavi. Fatta!) decidiamo che ci vuole una *cervezita* e per berla prendiamo *papas fritas* da un baracchino untissimo al centro di Salasaka. *Simple things*. Mi mancherà questo. Mi manca già perché so che è l'ultima volta.

Stasera sarà la mia ultima sera.
Il piano era di andare a Baños tutti assieme, ma ora, alle otto di sera, nessuno sembra aver voglia di muoversi.
Faccio lezione ai miei ragazzi, dico a Patricia che vorrei andare a Baños. E lei, di pronta risposta con una gran energia dice: «Vamonos a Baños!»
Detto fatto, dopo lezione siamo pronti per andare, io, Bronte, Jonathan e Andrea. Raggiungiamo il centro dove avremmo dovuto aspettare per un improbabile autobus. Arriva Patricia in macchina con un amico: «Vamos con el carro!»
Ma questo è un sogno.
Per l'ultima sera desideravo una cena fatta bene, una vera cena con vino e tutto. Il tragitto in macchina è lungo e divertente, la musica è andina, sempre la stessa, sempre la nostra. Arriviamo, troviamo il posticino perfetto, un ristorantino a fianco all'*hostal plantas y blanco*. Ci togliamo le scarpe, ci sediamo sui cuscini a gambe incrociate e trascorriamo una serata tra una deliziosa *trucha con papas* e vino colombiano a parlare di mondo, di futuro e di avventura.
Abbiamo voglia di ballare la salsa e ci imbuchiamo in un club poco più avanti. Qualche ragazzo autoctono mi prende sottobraccio e ci muoviamo a passo di salsa finché alle due di notte non si spegne

completamente la musica e la luce del locale. «Noooo, mas!» dice la gente.

Per strada incontriamo un ragazzo colombiano, e non sappiamo come, ma ci ritroviamo ad una cascata. Ci ritroviamo alla cascata, a ballare raggaeton che proviene dalla sua macchina e balliamo tutti assieme. "Yo sin ti y tu sin mi, dime que puedo ser feliz nanananananaaa..."
Saliamo più in alto grazie ad una scaletta di legno, la cascata è forte, ci bagniamo tutti, brindiamo alla vita, e ci godiamo il momento. Penso a come sono finita qui, a tutte le meravigliose "coincidenze" che mi hanno portata qui, ora.
«I love life! This is the best night ever!» urla qualcuno nell'aria intrisa di adrenalina.
E lo è davvero.

Giovedì è il giorno più triste. Facciamo colazione, aggiungiamo uno, due, tre marshmallows dentro al caffè, c'è bisogno di dolcezza. Fra poco si parte. Fra poco lascerò tutto questo. Faccio lo zaino, il poncho non ci sta, e nemmeno lo zainetto che ho comprato nuovo qualche giorno fa. Spingo tutto, comprimo per bene. Un mese. Un mese se ne è andato. Già. Di già. Impacchettare un mese così dentro ad uno zaino non si può. Troppe emozioni, troppe avventure, troppe persone, troppo per uno zaino.

E ora è arrivato il momento, posso piangere. Saluto Robert e Sofia e mi metto sulla strada con Sara, partiamo assieme. Partiremo assieme per l'Amazzonia prima di tornare a casa.

Passa una *camioneta,* chiedo a Sara di non fermarla; non sono ancora pronta.
Restiamo lì in piedi con gli zaini sul ciglio della strada, a guardarci in silenzio senza saper bene cosa dire. Inizio a piangere, tutti sono tristi. Incontro gli occhi di Bronte e Jonathan. Ci conosciamo da così poco tempo ma abbiamo vissuto così intensamente che sembra di conoscerci da una vita. E non riusciamo e non vogliamo salutarci. Arriva la *camioneta.* Sappiamo che non è un addio. Sappiamo che non è finita.
«See you later» ci diciamo.
Sì. Sì. Sì. Decisamente. Non potrebbe essere altrimenti.
«See you later» dico di nuovo, più decisa.
Qualcuno mi carica lo zaino nella *camioneta,* salto su e me ne vado, capelli al vento, con il viso rigato di lacrime.

Happy fulfillment day, Alice.

31 Agosto 2016
Padova, Italia

Mi guardo le mani e sono ancora sporche di inchiostro e di tempera blu. I piedi puzzano e ci sono fili d'erba tra le dita.
Ho voglia di scrivere, adesso, appena tornata dal mio kinder summer camp, oggi, dopo un anno, dopo un anno fantastico, un anno in cui sono diventata ciò che sono oggi, *chi* sono oggi.

Amo la donna che sono diventata, amo quello che ci è voluto per arrivare *qui*.
Amo la donna che partì per l'Australia, in un misto di paura ed eccitazione, con una grande voglia di indipendenza e di scoprire il mondo.
Amo l'Ecuador, che mi ha mostrato un'altra realtà, difficile ma a volte più felice. Amo soprattutto la donna libera che sono diventata, oltre i giudizi, oltre gli ostacoli.
Amo la mia missione, amo mostrare, amo parlare, amo colorare, amo creare.
Amo insegnare, amo imparare, amo ridere e correre per il prato a piedi nudi con una coda di tigre allacciata in vita, rincorsa da bambini saltellanti e pieni di vita. Amo credere in loro, sapere che ce la faranno, aiutarli a farcela, insieme.
Amo sentire le loro risate, la loro sincerità, amo essere semplice e cruda, forse è per questo che andiamo così d'accordo.

Amo desiderare e cercare di essere coraggiosa e di oltrepassare i miei limiti, di entrare nella paura e trasformarla in gioia.
Amo le stelle e l'oceano, la natura selvaggia ed incontaminata, sterminata ed infinita.
Amo la *Libertà*, la libertà di essere Donna nel suo senso più profondo, oltre il male dell'umanità, oltre ciò che pensano gli uomini o come va il mondo.
Amo sentirmi *Cittadina* del mondo, tra i mercati, tra le viuzze, tra gli autoctoni in qualche posticino sperduto dove non si parla la mia lingua o una delle altre quattro che conosco.
Amo le *persone* e la profonda, semplice, bella e meravigliosa connessione che si crea tra anime; ma anche la lezione che ti lasciano dopo essersene andate, a volte come un soffio di vento.
Amo riuscire a mettere un semino nelle persone, ad annaffiarlo e ammirare giorno dopo giorno come cresce quella piantina... come disse quel signore in Australia, un giorno!
Amo vestirmi comoda, colorata, semplice.
Amo accorgermi e godere delle piccole cose, perché sono quelle, che fanno la felicità. Un fuoco, una chitarra e del vino.
Amo ricevere i bigliettini preziosi dai bambini, e soprattutto essere ricordata nelle loro preghierine di gratitudine la sera. Una delle cose più meravigliose che mi abbiano mai detto!
Amo chi sta il mio fianco, per come ama la mia essenza e mi sprona ad andare oltre, per essere liberi insieme e camminare e volare ovunque la vita ci porti.

Amo leggere, conoscere, cercare nel più profondo dei suoi significati risposte a domande che pian piano trovano senso.

E proprio come alcune tribù aborigene, oggi, non voglio festeggiare i miei venticinque anni semplicemente per essere nata, ma per tutto questo.

Amo la Donna che oggi sono, e che fra venti giorni se ne vola a Madrid per una nuova esperienza, per il prossimo pezzo di vita che aspetta di essere vissuto e connesso al resto del puzzle.

I CAN'T WAIT!!!

Happy fulfillment day, Alice.

Quando la magia accade.
Di fortuna e di sfortuna si parla, prima di andare a Madrid.

07 Settembre 2016
Scorzè

Doveva essere il nostro saluto, dovevamo dirci arrivederci, ci vediamo fra un po', mi mancherai amica.
E invece siamo finite a parlare di fortuna e di sfortuna.

"Che cosa farai a Madrid?", "Quanto lavorerai?", "E se non troverai lavoro?"

Una raffica di domande si fa spazio tra l'arrivo di un sushi all'avocado e un riso alla cantonese.
Sì, siamo venute qui, al Kirin, in uno dei nostri posti preferiti. Ci piace tornarci, appena possiamo, appena troviamo del tempo per noi.

«Troverò lavoro.» rispondo sicura, accennando un sorriso.
«*Ma* se non troverai lavoro?»
«Lo troverò, ti ho detto.» rispondo ancora sicura, alla stessa domanda.
«*Ma* io ti ho chiesto cosa farai se *NON* troverai lavoro?»
«E io ti ho risposto che lo troverò, quindi non mi pongo nemmeno il problema.» spiego chiaramente.

«Ma metti che *non* troverai il lavoro che cerchi, con i bambini, che farai?»
«Cercherò con i bambini, perché è quello per cui sento di poter dare di più ed essere in grado di dare in questo momento della mia vita, ma in ogni caso, mi reinventerò, qualcosa farò. Ci sono già passata, ho già affrontato il *ri-iniziare da zero* e sono pronta a rimettermi in gioco di nuovo. Quello che in realtà vorresti dirmi è che *tu* saresti piena di paura e insicurezza nel partire allo sbaraglio?»
«Beh, io non ce la farei. Avrei bisogno che tutto fosse organizzato, avrei bisogno di sapere che lavoro farò, dove vivere, tutto prestabilito e sicuro, insomma. Non potrei partire così come fai tu. Sicuramente no.»
«Ho capito. Comunque io sono piuttosto sicura di me e di chi sono, delle mie capacità. Ho imparato a conoscermi in questi anni, almeno un po', almeno credo. Troverò, farò. Credo in me stessa. E tu, credi in te stessa? In quello che sei? In quello che sai fare?»
«Beh, sì, che credo in me stessa ma comunque, che tu possa trovare lavoro e opportunità oppure no è questione di *fortuna* o *sfortuna.*»
"Ali calma", penso tra me e me. Non lo può aver detto veramente. Magari si è sbagliata, magari non voleva dire quello che ha detto. Magari non lo pensava veramente. Starò calma e non dirò niente, a volte è meglio così. A volte è meglio tacere piuttosto di dire cosa si pensa, se questi pensieri possano essere scomodi e dare fastidio e creare disordine nella nostra amicizia. Amicizia...
«Che cosa?!» mi ritrovo a sbottare. Eh no. Stavolta non me ne starò zitta. Stavolta prevale il valore

dell'amicizia, quello per cui devi dire ciò che pensi, quello per cui si può essere individui pensanti e pure differenti, ma pur sempre amici, pur sempre condividendo un pezzetto di vita. È questa l'amicizia. Non avere paura di essere diversi.

E in un nanosecondo mi attraversano la mente mille pensieri. Fortuna o sfortuna? Mio Dio. Ancora crediamo alla fortuna e alla sfortuna. No, non ci posso credere. La mia amica. Quella con cui ho riso, scherzato, ci siamo sostenute, ne abbiamo passate tante. Lei, lei che crede nella fortuna e nella sfortuna. No. Non può essere. E non può essere che creda che la mia vita, da quando sono andata in Australia, sia stata governata da queste forze astratte. Non dopo che le raccontai tutto ciò che era successo, non dopo che sono riuscita a collegare tutto. Tutto ha avuto un *senso* per me. Tutto ha un senso. E l'ho scritto, ne parlo, lo dico a gran voce sempre. Vuol dire che non crede a niente di ciò che dico? Vuol dire che non mi sostiene? Che vuol dire tutto questo?
Cerco in me, cerco le parole giuste per spiegare quello che ho dentro, vorrei arrivasse, vorrei spiegarmi.

«Calime, ce la creiamo noi la nostra fortuna» dico, calma. «Io sono il risultato di tutte le esperienze che ho vissuto, delle cose che mi sono accadute, non per caso, ma perché doveva essere così. Io credo nelle mie capacità, conosco me stessa e continuo a conoscermi ogni giorno. La persona che sono diventata, le opportunità che sono arrivate. Non sono arrivate dal cielo, sono stata io ad attirarle.

Sono stata io a crearle. Basta crederci. Fermamente. Vuoi una cosa? FALLA! Vuoi un lavoro? VAI e OTTIENILO! Vuoi cambiare vita? CAMBIA! Non lamentiamoci che la vita faccia schifo e nel frattempo rimaniamo seduti ad aspettare l'opportunità della vita, per vederla passare e sfumare e poi chiamarla sfortuna.
Possiamo desiderare, possiamo volere, possiamo cambiare, possiamo essere ciò che vogliamo. ABBIAMO IN NOI TUTTO CIO' CHE CI SERVE per esserlo.»
«Io non credo in tutto questo di cui stai parlando. Sono stata licenziata, ecco. Per me quella è sfortuna.»
«E se fosse invece un'opportunità per trovare un lavoro migliore? Un'aspirazione migliore? Se fosse l'opportunità di trovare ciò che ti piace fare veramente o incontrare nuove persone, nuove situazioni, iniziare un capitolo nuovo della tua vita?»
«Io la vedo solo come una perdita di tempo e di soldi per cercare un altro lavoro. L'importante non è che mi piaccia quello che faccio ma che mi mantenga e che guadagni i soldi per andarmene di casa.»
Come se servissero i milioni per andarsene di casa. Forza, non troviamo scuse al non andarcene di casa. Lo fanno in molti da molto più giovani di noi, in moltissimi paesi fuori dall'Italia. In Australia se ne vanno a diciott'anni, e se non lo fanno, sono i genitori a mandarli fuori di casa perché devono imparare a cavarsela da soli. In Finlandia se ne vanno ad abitare da soli a sedici. Io, italiana, me ne sono andata a ventitré. Presto, tardi, chissà. Era il mio momento. Non ho una casa completamente per

me, non ho nemmeno una stanza completamente per me ora, qui a Madrid. Sto condividendo uno spazio, sto condividendo la vita con delle persone, incontrate tra annunci di affitti di stanze e appartamenti e siamo andati a vivere assieme. Condividiamo l'affitto, è relativamente basso in quattro, condividiamo il bagno, la cena, progetti e vita. Forza, sbattiamoci un po' di più per andare via di casa. Non incolpiamo il lavoro, i soldi, gli affitti. Nessuno ci dice che dobbiamo trovare la casa della nostra vita e legarci ad un mutuo per sempre. Ci sono così tante soluzioni temporanee, affitti e appartamenti condivisi che ti permettono di valutare, di imparare ad adattarti, di cambiare. E se invece è la stabilità ciò che cerchi, benissimo, ma poi non lamentarti. Io adoro l'essere *nomade* che molte culture hanno ancora vivo nel sangue, ancora dentro. Il concetto di casa cambia, il concetto di casa si muove con te.

«Ma... è tutto collegato, sono esperienze, troverai un lavoro migliore, il tuo. Credi in te stessa, arriverà!» Sono in realtà le uniche parole che riesco a dire a Calime.
Sono sopraffatta dalle emozioni. Non so esprimere tutto quello che vorrei, non con le parole che vorrei. O forse, è una di quelle situazioni in cui siamo semplicemente troppo distanti. Temporalmente. Troppo distanti, che non importa quello che dica; comunque non sarà ascoltato, comunque non sarà compreso.
Non voglio credere che qualcuno possa non avere più sogni nel cassetto, più aspirazioni. Con questo non voglio dire che i soldi non siano importanti,

non voglio dire che non bisogni essere realisti. Questo è il modo in cui ora si ottengono le cose, quindi sì, lavoriamo anche per vivere. Ma non per *sopravvivere.*

Io mi ero stancata da un pezzo di SOPRAVVIVERE, avevo deciso di VIVERE!

Voglio essere coraggiosa, voglio saper comprendere e trasformare le situazioni negative, voglio continuare a essere positiva.

A volte mi sento dire: «Beata te che viaggi!», «Fortunata te che fai un lavoro che ti piace!»

CAZZO.

Fortuna? Mi sono fatta il culo, detta in cinque parole. Ho trovato il coraggio di prendere e lasciare tutto per andarmene in Australia, da sola, e lasciare che le opportunità venissero a me. Ho esplorato la natura, ho vissuto in macchina per un mese e mezzo, ho lavorato pulendo i bagni e i camper, facendo la cameriera. Ho conosciuto persone fantastiche, vissuto avventure ai confini del mondo. Ho viaggiato tanto, ho visitato, ho visto. Dormendo a volte in ostelli sgangherati, garage sotterranei o sotto alle stelle. Ogni volta che parto, no, non vado in vacanza. Non vado al villaggio turistico. Lavoro duramente, per vivere lì, per conoscere, per esplorare. E sì, i soldi per viaggiare servono, ma molti meno di quanto si possa immaginare. Quando viaggi, le tue priorità cambiano. C'è il volontariato, c'è lo scambio, ci sono tantissime alternative e modi super economici per mantenere i propri viaggi, soprattutto quando poi vivi in quel luogo, lavori in quel luogo, diventi quel luogo. E durante tutto questo, sono rimasta aperta. Sempre. Finché poi l'opportunità di insegnare non è

arrivata. In Italia, la mia Italia, la mia chiusa, bigotta Italia. Vorrei fosse diversa. Ci ho creduto in lei, tanto. Mi ha dato l'opportunità di conoscere persone che credono in me, persone che mi ammirano e con cui sono nate delle collaborazioni fantastiche. Persone che hanno compreso perché me ne andrò a Madrid, le stesse persone che mi stanno aspettando impazienti per iniziare nuovi progetti insieme, quando tornerò.
La mia Italia... la mia Italia alla fine di questi due anni, mi ha dato. Mi ha dato quel che mi ha dato. Ma ora, è tempo di andare. Nuove avventure mi aspettano. Nuove opportunità mi attendono. È tempo di andare, è tempo di cambiare, è tempo di avere nuovi progetti, ed è tempo di metterli in atto.

Arriva il pollo Sichuan, piccantissimo. Adoro il piccante. Decido poi allora, di parlare di questi miei progetti, delle mie idee.
«Sapete ragazze, mi piacerebbe anche aprire una piccola libreria, un giorno. Una libreria per bambini. Ma nel frattempo penso di continuare a insegnare ai bimbi, organizzerò qualche pomeriggio di gioco in inglese, vedrò. E tra tutto questo... vorrei scrivere un libro... sì. Un libro. Spero di riuscirci!» dico eccitata.

«Quanti progetti!» accenna Estele, che se n'è stata un po' silenziosa e per conto suo finora; con un filo di voce in un tono di entusiasmo misto a disillusione.
La sensazione è quella che pensino sia pazza. Sì, questa, l'unica risposta. Non «Sono felice per te», non «Vedrai che ce la farai», non «Wow, che bello!»

Ma io penso: come si può non avere un progetto? Un sogno? Delle aspirazioni? Anche piccole, minuscole, microscopiche. Quando abbiamo smesso di sognare? Ogni giorno ascolto i sogni dei bambini e penso "chissà *chi* diventeranno", "chissà cosa faranno". Chissà se continueranno a sognare. Lo spero fermamente. Spero non smettano.
«Nella vita bisogna essere realisti, Alice, e a essere realisti, a me i soldi servono per campare, pagarmi il mutuo, e tante altre cose. A me basta questo.» dice Calime.
«Ma non mi pare che questa soluzione ti renda felice! Chi ti dice che devi farti un mutuo? Chi ti dice che devi vivere nello stesso posto per *tutta la vita?* Ci sono alternative. Ci sono scelte da fare. SEMPRE.» Adesso sbotto anch'io.
«Alice, io la penso così. La pensiamo diversamente. Per me la vita è fatta di fortuna e sfortuna. Punto.»
Ok, punto. Significa che la conversazione è chiusa? Che dialogo è, se è chiuso? Non si accettano repliche, opinioni? Dalla tua amica? I miei pensieri viaggiano più velocemente che le parole.
«Tu, Estele, che ne pensi?» chiedo, nella speranza di trovare un qualunque appoggio, un minimo cenno di comprensione.
«Io la penso come Calime. La malattia che ho scoperto di avere, mica ci trovo un senso. Sono stata sfortunata, me la tengo e devo conviverci per tutta la vita. Mi cade una pietra sul piede, sono stata sfortunata. Vengo assunta in un posto di lavoro, sono fortunata. Uno muore a quarant'anni con un figlio a carico, è sfiga. Oppure come lo spieghi?»
Davvero. Anche lei. Uno si ammala e parliamo

veramente di fortuna e sfortuna? Parliamo di morte e di nuovo fortuna o sfortuna? Parliamo di fame nel mondo e ancora è colpa di fortuna e sfortuna? Non dell'uomo, non delle scelte di vita, non delle politiche sbagliate.

Nemmeno io ho tutte le risposte che vorrei, ma sicuramente non voglio attribuire la mia vita al caso.

Né la mia nascita, né la mia morte, né la mia vita. Ho visto altre vite, ho visto altri tipi di vite, ho visto povertà in Ecuador, ho visto mani sporche di terra e visi sorridenti e persone gentili anche quando il pranzo era fatto di avena, riso e patate. Allora c'è qualcosa che non va nella nostra società super benestante, se ancora non siamo felici con quello che abbiamo. Allora c'è qualcosa che non quadra. Allora capisci che il mondo, non può funzionare per fortuna, sfortuna e caso. Capisci che quando un bimbo ti dice «mi mancherai *Teacheralice*» o quando impari a vivere con le piccole cose, quando veramente vedi persone felici con nulla. Quando prendi le pulci, quando non ti abbatti se le cose sembrano andare male, o come avevi *pre-visto*. Quando ti soffermi ad ammirare la bellezza e la perfezione della natura. Allora, solo allora, capisci che ci dev'essere dell'altro, che in questo mondo la scintilla di divino deve essere innescata. E quella scintilla di divino, sta in ognuno di noi. Sta a noi farla risplendere. Farla ardere!

Perché, a essere davvero *realisti*, la magia accade quando siamo positivi. La magia accade quando amiamo. La magia accade quando crediamo in noi stessi. La magia accade quando abbiamo poco, ma abbiamo tanto. La magia accade quando siamo

aperti agli altri. La magia accade quando vediamo tutto come esperienza. La magia accade quando siamo consapevoli di ciò che ci circonda e di cosa accade. La magia accade quando siamo grati. La magia accade quando siamo in pace con il mondo. (O almeno ci proviamo!)
È lì che troveremo l'opportunità, è lì che troveremo un lavoro, è lì che forse quel lavoro ci piacerà, è proprio lì che quel lavoro diventerà non solo una fonte di sostentamento, ma anche la nostra missione.
È proprio lì che troveremo *un senso* (o forse no!) a ciò che accade.
Troviamo la nostra scintilla, facciamola ardere, crediamoci! Ci si aprirà un mondo!
Credo in voi amiche mie, anche se la pensiamo diversamente, anche se vorrei che foste felici. Credo nelle vostre possibilità. Ora però tocca a voi!
Tocca a voi andare a prendervi quel pezzo di felicità che sta lassù e godervi il viaggio.
Avete presente l'*Era glaciale*? Ecco. Perché, povero Scrat, la sua ghianda gli sfugge sempre di mano. Povero Scrat, non ce la fa, è impacciato. Ma se ci ritenta! Ma se ci prova! Quella ghianda è la cosa più preziosa, quello a cui non potrebbe mai rinunciare. Cade, si brucia, la raggiunge e se la lascia scappare di nuovo. Sembra non la raggiunga mai veramente.
Cercate la vostra ghianda, mettetevi in viaggio, e godetevelo. Quella ghianda è tante cose. Per ognuno significa qualcosa di diverso. Ma come si suda anche solo per avvicinarla, anche solo per annasparne, annusarne o assaggiarne un pezzettino.

E quando poi un bel giorno ti svegli e vedi che quella ghianda non è d'oro come la vedevi dal bagliore che le dava la tua immaginazione, ma è uguale a tutte quelle che sono al parco, sul ciglio della strada, a fianco casa tua.. solo allora hai conquistato la ghianda.
Solo allora puoi assaporarne un pezzetto tutti i giorni, solo allora la felicità è parte di ogni singola azione, di ogni tuo movimento, di ogni arto, di ogni tuo atomo. Solo allora, solo dopo tutto questo, diventi felicità.

Ora, col senno del poi, ho imparato a prendere il "tu sì che sei fortunata" come un "Tu sì che hai le palle!". E ne vado pure fiera.

È ora!

20 Settembre 2016
Aeroporto Orio al Serio, Bergamo.

Ore 3.34 della notte, o del mattino, dipende da cosa si sta facendo. Aeroporto Orio Al Serio, Bergamo. Eccomi. Semi sdraiata sui seggiolini di ferro, in giubbotto e sciarpa, con la schiena che ormai non ce la fa più a stare a sinistra e un braccio indolenzito sotto al suo. L'ultima posizione, che pareva sorprendentemente comoda per entrambi, si è rivelata scomoda per me dopo soli cinque minuti. Davanti a me, il tabellone blu luminoso con le partenze. Attorno, il silenzio.

Penso a questi due anni, questi due anni in Italia. Caspita. Non sapevo cosa ne sarebbe stato di me quando sarei tornata, tornata dal mio primo grande viaggio in Australia. E poi ci ho creduto, e poi le cose sono accadute. E non dico che siano state semplici; anzi, l'aria qui nella mia Italia non è stata poi così leggera. E ho trovato un'energia immensa nei bambini.

Sí, perché se dovevo trovare il modo di mettere le mie capacità al servizio della vita, insegnare inglese ai pargoletti è stata la risposta. Argh... Qualcuno russa, quanta invidia.

Ma io di stare ferma proprio non ne voglio sentire.

Fremo.

Fremo di vita, fremo di adrenalina.

«Questi due anni in Italia sono per la mia laurea e poi ce ne andiamo in Sudamerica zaino in spalla» diceva lui, ancor prima di iniziare a studiare. E poi due anni sono passati. Due anni di esami, di studio, di progetti, di crescita e consapevolezza.

E poi arriva. L'opportunità di andare a Madrid. Ma ci vai tu, ci vengo io più tardi, e il lavoro, come facciamo.

E come sempre, come ho imparato a fare, ho dato del tempo. Abbiamo dato del tempo alla scelta. E pian piano ha preso forma, soprattutto quando ho deciso di dire che non avrei iniziato il nuovo anno scolastico, perché sarei partita.

E se da una parte ci sono i progetti che ti fai tu, in testa, ben pianificati o ben disordinati che siano; dall'altra la vita ti pone opportunità davanti, strade che non avevi visto, o pre-visto e percorsi che ti sembrano strani e inaspettati.

E non posso fare altro che dire Sì. Sì perché sì apre altri sì, apre la sfera del possibile, dove tutto diventa di nuovo plasmabile, creabile. E imparo ad abbracciare ciò che c'è in serbo per me, per noi.

Sì, noi, perché stavolta non sono da sola. A Madrid ci vado con Luca. Ricordo due anni fa l'ultimo aereo su cui tornavamo da Bangkok. Abbiamo brindato all'Italia, a quello che aveva in serbo per noi, (appunto!) anche se ancora non lo sapevamo, anche se un po' di timore ce l'avevamo, anche se, a dire il vero, non sapevamo come sarebbe andata. Ci siamo conosciuti a Melbourne e abbiamo vissuto viaggiando un giorno a mille e l'altro anche. Tornare in Italia sarebbe stata una sfida per entrambi, individualmente ed insieme.

E sempre su quell'aereo, avevamo brindato a casa, che abbiamo imparato essere ovunque ci sia amore.

E allora eccoci, carichi di sogni, progetti, voglia di vivere, di scoprire e di creare.

Qualcuno della sicurezza sta passando a svegliare tutti, a dire di rimettersi su le scarpe, a tirarsi su da terra che è ora delle pulizie.

Bah, sono le quattro, ed io inizio ad avere un certo languorino. Sento un profumino di croissant e caffè. Penso lo seguirò. È ora. E parlando di ora, non vedo l'ora di diventare zia. Non so ancora quale ruolo avrò nella tua vita, piccolo pargoletto, ma non vedo l'ora che tu venga al mondo. È ora. È ora per essere, per diventare. Abbiamo in noi tutto ciò che ci serve per essere tutto ciò che vogliamo.

E lo so che non è e non sarà semplice, ma non vedo l'ora di continuare a scoprire quante mille altre cose posso essere.

Go with the flow... E io vado. È ora!

¡*Buena Suerte*! e la prima settimana a Madrid.

25 Settembre 2016

"*Buena suerte!*"

Ecco quello che ci siamo sentiti dire *over and over again* durante questi giorni.

Buena suerte, prima di chiudere il telefono e dirci che non accettano coppie, o che i contratti d'affitto sono solo annuali.

Buena suerte, quando arriviamo a vedere l'appartamento e qualcuno prima di noi l'ha già fermato.

«Lo siento, gracias por llamar, hasta luego, *buena suerte*!»

E se all'inizio credevo fosse solo la gentilezza un po' prolissa di qualcuno, poi mi sono accorta che è di tutti. È abitudine, la gente augura buona fortuna, fortuna nel trovare la casa giusta, fortuna che qualcuno ti dica sì, fortuna che sia quella che vada bene a te.

Sono quattro giorni che cerchiamo, e nel frattempo abbiamo trovato una meravigliosa coppia che desidera condividere un appartamento con noi. Lei, *de Madrid*, maestra per i bimbi come me, lui musicista finlandese. Sarebbe una casa internazionale, come la desideravamo.

Ma ancora nulla, quella casa sembra non voglia essere trovata.

Siamo seduti qui, sull'erbetta un po' secca dell'area verde di Madrid Rio, con le *empanadas* e il *tinto de verano*. Wow. Che giorni frenetici. Sedersi e godersi la brezza fa proprio bene all'anima. Le empanadas le abbiamo prese qui, in questa festa al *Matadero*, che abbiamo trovato per caso, tornando verso "casa", dopo aver visto l'ultimo appartamento.

Nell'aria *"Besame, besame mucho... "*, un remix del tanto amato ritmo latino, che batte, che entra nel sangue. Ed è festa.

Oggi abbiamo conosciuto Reina, la signora dalla Guinea che vive in quest'ultimo appartamento che abbiamo visitato, con il suo accento spagnolo diverso, un figlio quattordicenne che non torna quasi mai a casa e che ogni giorno lotta contro il razzismo.

Sì, dice che la Spagna sembra aperta di qua, aperta di là, ma la verità è che se non sono aperte le menti delle persone, dei genitori, come possono insegnare l'amore e il rispetto verso gli altri ai figli?

Che la colpa non è degli immigrati, ma del governo che non funziona.

Ci è venuta in mente la nostra Italia.

«*En Italia es lo mismo*» dico.

Si sta muovendo qualcosa, in qualche realtà, in qualche città, ho lavorato in alcune scuole materne meravigliose a Padova, dove c'è un programma di integrazione fantastico. I bambini vedono le differenze; la pelle, gli occhi, l'ombelico, i capelli e si accettano e si vogliono bene e giocano. Questo alle materne. Un giorno si ascolta la fiaba dall'Africa, un giorno si imparano i numeri in arabo, un altro ancora si canta buon compleanno in cinese.

Poi quando crescono entrano in gioco giudizi e pregiudizi, ma questo è un altro discorso.

Tornando a Reina, i suoi occhi così bianchi e profondi e il suo modo di fare africano mi hanno ricordato tanto Shaline, la ragazza liberiana con cui avevamo convissuto in Australia, a Darwin.

Spero stia bene, come anche tutte le sue figlie in giro per il mondo. Come sono diverse le culture. Loro li mettono al mondo e il mondo in qualche maniera si prenderà cura di loro. Tanto diverso da mamma chioccia in Italia.

Ci saluta con affetto, con un abbraccio, augurandoci il meglio, sperando di rivederci, dicendoci di pensarci e di prendere la decisione più giusta. Che meraviglia.

Insomma, se avessimo accettato la prima casa, se qualcun'altro ci avesse risposto, non avremmo incontrato lei. Cerco connessioni, cerco motivi, cerco collegamenti. E sì, l'incontro con lei mi ha portato calore nel cuore, sono felice di averla conosciuta. Anche se siamo stremati, stanchi, lasciamo l'ostello al mattino, giriamo la città in lungo e in largo, e ci torniamo la sera con un biglietto della metro in tasca quasi finito e un paio di calzini che puzzano in più che andranno nel sacchetto di plastica della spesa ben annodati che non osiamo aprire finché non avremo una lavatrice.

Sono stanca, *agotada,* ma dopotutto mi piace pensare che ogni no, ogni telefonata chiusa, ogni appartamento che lasciamo e non sarà il nostro, per qualche ragione, ci porta a questo esatto momento.

Non so ancora quale sarà la nostra casa.

Non so ancora quali altre persone o realtà incontreremo prima di trovarla.

Non so ancora quando la troveremo.

Ma non vedo l'ora di sapere quale sarà e cosa dovremo imparare dalle persone con cui vivremo, da questa nuova esperienza. Non vedo l'ora di sapere che ne è valsa la pena, che dopotutto, ogni volta, sono io che voglio uscire dalla mia *comfort-zone* e **ri-essere** di nuovo allo sbaraglio. E che dopotutto, scrivere dal tavolino di Starbucks con il mio thè alla menta e ammirare, con un sorriso, una coppia di ragazzi gay dal vetro della finestra, non è così male. E così libera questa città. Così sé stessa. Così spavalda. Così tranquilla e così viva.

Non mi piace invece che sia una città così carnivora e per niente salutista. Ma appena troveremo casa, troverò io il negozietto giusto dove fare la spesa. Adoro la grande città e tutta la vita che offre, ma dopo una giornata di corse avanti e indietro, mi manca un po' l'aria. Troppi palazzoni alti. Punto decisamente a favore: la lingua. Adoro lo spagnolo, anche se la "*ce*" pronunciata tra i denti a volte non la sopporto, preferisco il sudamericano, un po' tutto con la s, più scorrevole. Ma adoro la lingua, sentirla parlare e buttarmi. Altro punto a favore direi assolutamente i prezzi delle birre. Una *caña* solo un paio d'euro e *tapas* gratis insieme. Il caffè invece devo ancora capire come ordinarlo, *by the way*.

All'inizio ho ordinato un *cafè negro,* come in Ecuador, ma mi hanno detto: «*entiendes cafè solo o con leche?*» Entiendo che non avevano capito per niente e che quello che dovevo ordinare era *cafè cortado.* Adoro il cinema in lingua, sia in spagnolo che in inglese, soprattutto quelli piccolini di chissà quanti anni fa. Stasera spero di andarci, devo guardare bene gli orari. Ho trovato anche lezioni di yoga gratis, sento proprio il bisogno di fare movimento, ho già comprato il tappetino, lilla morbido e spesso. E poi ci sono anche lezioni gratis di *flamenco* e *salsa.* Penso che potrei essere interessata a tutto, poi deciderò cosa seguire.

Tornano i pensieri, torna il fatto che ancora non abbiamo una casa.

E se è vero che quegli angolini in su di una bocca sorridente e sicura mi conquistarono in Australia dicendo: «*Casa è dove c'è amore*», e due anni e mezzo dopo siamo a Madrid insieme, per oggi va bene così.

So solo che é domenica, che non ci godiamo una domenica libera dal lavoro da tanto, e a dirla tutta c'è un sole *fenomenal.* Andiamo al *Rastro,* il mercatino delle pulci e poi al *Retiro* a passeggiare tra il verde fino al tramonto.

So che oggi è un giorno meraviglioso, e voglio godermelo al meglio. **Qui** ed **ora** più che mai.

La metro e i suoi personaggi

03 Ottobre 2016

La metro è qualcosa di davvero unico e grande, se vieni da una città in cui l'unico mezzo pubblico per spostarti è un autobus al giorno che al massimo ti porta da casa tua al centro del tuo paesino di duemila abitanti.

La metro di Madrid è velocità, è organizzazione allo stato puro, è amica dei madrileñi tanto da essersi fatta dare un nome: La *Red*. La *Red* arriva ogni quattro minuti più o meno per ogni destinazione, sali e ti godi il viaggio.

Mentre sono qui osservo le persone... quante! Quante **persone**! E non è come camminare in giro per strada, che "noti" le persone. In metro hai la possibilità e il tempo per *studiarle.*

Chi legge un libro su Ghandi, riviste di moda o studia francese, chi attende in piedi impaziente, avvinghiato al palo, che arrivi la propria fermata. Chi amoreggia, noncurante degli sguardi di rimprovero delle nonnette che si sussurrano cose all'orecchio, con fare di mistero. Chi ascolta musica, chi fissa gli altri. Chi lecca un ossicino di carne. - Quest'immagine me la potevo risparmiare! - Chi è in vacanza, cartina alla mano, con zaino e macchina fotografica. Bambinetti strillanti che vengono rimproverati dalle madri perché «*no se hace asì!*»

Oh! È appena salito un ragazzo con la barba azzurra. Questa non l'avevo mai vista. Non perché sia brutta, ma semplicemente non mi era mai

venuto in mente che uno si potesse chiedere un giorno, davanti allo specchio: "di che colore vorrei la mia barba?". Beh, poi c'è chi è vestito a festa, tacchi a spillo e pochette nera smagliante.
Chi improvvisa della musica con un flauto, chi invece è davvero ma *davvero* bravo a suonare e con della musica peruviana meravigliosa, la metro è in festa. Chi chiede l' elemosina. Chi trasporta una scala. Chi non ce la fa più a tenere le borse delle spesa in mano e sbuffa.
E poi ci sono io, in piedi, comfy pants thailandesi, zainetto e tappetino yoga arrotolato sulle spalle, che osservo, mentre torno a casa.
Eccola, *Puerta de Toledo. È* la mia. Vado.

Calle Mira el Rio Baja, 6
Italia, Spagna e Finlandia

05 Ottobre 2016

Eccola, la nostra casetta. Ci siamo riusciti, finalmente. È da una settimana più o meno che viviamo qui, con i nostri nuovi amici Tami ed Erik. Tami è di Madrid, vegetariana e con parecchie intolleranze alimentari. Neanche da dire che, per cucinare per tutti e quattro, stiamo eliminando gran parte delle cose che mangiavamo prima. Le cose cadono proprio a pennello. Tami all'apparenza sembra timida, ma quando si lascia andare sprigiona un'allegria, una voglia di vita e un umorismo tutto mediterraneo che ti contagia anche se non vuoi. Non per niente, è maestra *para los niños* pure lei. Sta ancora studiando, ma insegna già da un po' di anni. Il primo giorno, quando ci siamo conosciute, mi ha raccontato di come stesse costruendo uno scheletro di carta che si muove per far imparare i nomi delle ossa in inglese ad un bambino. Luca mi guarda e si mette a ridere. Ho subito pensato: "Sììììììììì, c'è qualcuno pazzo come me, che adora costruire, dipingere, che ama l'apprendimento più di ogni altra cosa."

«Oh yes. I know what you mean. I got the kids building a house to learn all the objects of the house, blablablablabla.» dico ed inizio a raccontare.

E se inizio a parlare di bambini, chi mi ferma più. Quella sera a parlare di bambini, di acquerelli, di giochi e di progetti, di fronte ad una *caña* di birra e *tapas*, è stata come una boccata di aria fresca.

Avevo bisogno di ricordarmi quello che adoro fare, dopo quasi un mese senza bambini attorno, *oh come mi mancano!*. «Non ti preoccupare Ali, arriveranno presto anche i bambini, vedrai», mi dice Lu.
E poi c'è Erik, finlandese. Si sono conosciuti in Finlandia, lui e Tami, nello stage di insegnamento di lei. Lei ballava e lui, avvicinandosi, le ha chiesto se poteva prendere lezioni di ballo. Da lì nacque tutto. Lui è musicista, chitarrista e compositore in particolare. Ha già composto un cd, ce ne ha regalata una copia, la seconda volta che ci siamo incontrati, al parco del Retiro, a suonare e cantare a gambe incrociate sull'erba fresca finché non ci siamo accorti che il sole era tramontato da un pezzo ed era proprio buio pesto.
La mattina, io sono qui nel mio piccolo attico che scrivo il mio libro e lui è giù che strimpella e canta. Creatività allo stato puro in questa casa! Sta cominciando a muoversi per Madrid, vorrebbe suonare per strada, oggi andrà a chiedere la licenza per poter suonare vicino alla stazione di Atocha. Ancora non sa quale strada prenderà, un po' lo spaventa il futuro. Ma a chi non fa un po' di timore? È pieno di vita pure lui, all'esplorazione e sempre super positivo. Ovviamente da bravo finlandese, parla perfettamente inglese, finlandese e svedese. Sta imparando lo spagnolo.
Poi c'è Luca, il mio compagno di scoperte e di esplorazione nella vita. È qui a Madrid per la sua tesi sui *dispositivi di moto ondoso* o qualcosa di molto simile che non sarei mai in grado di ripetere perfettamente nemmeno dopo tutte le volte che gliel'ho sentito dire. Ma a lui riesce decisamente

molto meglio. Adora quello che studia, il suo nuovo ufficio e il professore che offre il caffè a metà mattina. Adora la nuova palestra di ping pong che ha trovato, dice che il livello è alto, è stimolante. Adora studiare in inglese ed aver pure iniziato il corso di spagnolo. Non l'ha mai studiato, eppure è stato inserito nel livello A2 dopo il primo test.
A casa parliamo inglese, lingua che accomuna tutti, e mischiamo un po' tutto con lo spagnolo quando ci sentiamo audaci. Un mix di lingue pazzesco. Una carica di energia fenomenale. Ieri era il compleanno di Erik, abbiamo mangiato *nachos* con guacamole e salsa messicana, riso, hamburger di seitan e alghe e il pane senza glutine di Tami. Abbiamo poi giocato a *chinchón* con le carte spagnole. Che serata! Abbiamo parlato proprio tanto, che ad un certo punto Luca se ne è uscito con un: «Basta, stop! Buonanotte.» Che ridere. I primi giorni sono duri, ad abituare la mente a pensare e a parlare bi-trilingue, ma poi *WAH*! Che forza. Come apre la mente.

E poi ci sono io. Io, che ho trovato i bambini a cui insegnare al pomeriggio ed inizio la prossima settimana. Non vedo l'ora. Venerdì arriveranno i miei pacchi dall'Italia, con tutto il mio materiale didattico. Due pacchi da 17 kg ciascuno di tempere, colori, carta, giochi e libri.
Io, che finalmente ieri ho trovato la *mia* libreria. La libreria dei miei sogni. Ok, non è bella come quella di *C'è posta per te,* dove Meg Ryan si innamora di Tom Hanks, così piccola e coccolosa e accogliente.

È una piccola libreria del centro, che subito per e-mail mi ha risposto: *"Fenomenal! Por qué no te vienes aquì y lo hablamos? Un abrazo."*
Un abrazo? Non li ho mai conosciuti e per mail mi rispondono un abrazo. Beh, sono andata ieri e mi ha accolto una ragazza più o meno sulla mia età, circondata da libri ovunque. «*Cuentame, cielo*», mi dice. Mi siedo e le racconto del mio progetto, delle mie idee e la riposta è già **sì**.
Mi butto in spagnolo, è dall'Ecuador che non lo parlo più. Nel modo più naturale possibile, ma alcune volte qualcosa sbaglio. Capisce che parlo anche italiano, e mi dice che lei è stata due anni a lavorare nella biblioteca comunale di Firenze. Mi dice che gli italiani sono chiusi, che credono di avere il miglior cibo del mondo, la migliore arte del mondo. E questo non è solo fonte di orgoglio ma di *non apertura* verso le altre culture. Se dovesse scegliere, preferirebbe rimanere a Madrid, dove se vuole uscire la sera, per la strada, si può fermare a bere qualcosa o fumarsi un sigaro in tranquillità senza essere giudicata.
Ma torniamo a noi. Mi dice che mi avrebbe mostrato lo spazio dove fanno i laboratori e dietro ad uno scaffale pieno zeppo di libri per bambini, eccole, delle scalette che portano giù, quattro mura bianche, un proiettore, uno spazio. **Uno spazio per le mie idee!**

Cazzo sì! Evvai!

Di solito non mi piace scrivere così spudoratamente, ma quando ci vuole ci vuole. E questo rende il concetto. Eccome se lo rende. Bisogna crederci, fino in fondo. Sempre.

Crederci
Crederci
Crederci.

Quando sono uscita, avevo i brividi. Ci sono riuscita. Ho trovato il mio spazio e qualcuno, creativo come me, che mi dà la possibilità di esprimermi. Ora, devo *solo* tappezzare la città e le scuole con le mie locandine.

Sono circondata da persone che mi ispirano, di positività e possibilità.
E sono grata per questo.

19 persone a cena, sogni in inglese e le mie prime lezioni a los niños

10 Ottobre 2016

Sono le otto e mezza, ho appena fatto colazione con Nescafè e *dulce de leche* e fuori è ancora un po' buio. Il sole sorge tardi qui a Madrid. E sì, finalmente è successo. Lo aspettavo da tanto, ne avevo sentito parlare, l'avevo letto da qualche parte. Questa ormai è la terza notte che accade. Sogno in inglese. Quando è successo la prima volta, mi sono svegliata al mattino, un po' stranita, quasi non sapessi esattamente se fosse successo oppure no. E poi ho ricordato. E sì, avevo sognato in inglese. Avevo letto una volta, che puoi dire di avere veramente una lingua nelle vene, non solo se pensi in quella lingua durante il giorno, ma soprattutto se *sogni* in quella lingua. Se il tuo inconscio parla quella lingua, nel momento in cui non lo controlli. Fantastico, no?

Questa casa è una condivisione continua di parole in tre lingue diverse, di discussioni su connessioni, collegamenti, origini, di espressioni e di modi di dire.

È stato un weekend davvero speciale, questo. Sabato sera abbiamo aperto la nostra casa agli amici di Tami, per festeggiare il compleanno di Erik, anche se un paio di giorni in ritardo. Il nostro salotto/camera da letto/sala da pranzo e cena è diventato una stanza coloratissima al cui centro c'erano tapas spagnole, italiane e finlandesi e

tutt'attorno cuscini e coperte. Ci sono state diciannove persone. Non l'avrei mai detto, ma ci sono state. E siamo stati benissimo, tutti per terra, a stuzzicare *tortilla de patatas, nachos, quicos* per la Spagna, *pizza* per l'Italia (e per essere riuscita a cucinare la *nostra* pizza in quel fornellino da 30€ che ho trovato su *Wallapop*, tanto di cappello a me e quanti complimenti! È stata la pizza senza glutine e lattosio più buona che abbia mai fatto. Ma soprattutto, sono stata felicissima di averla potuta fare per Tami). E infine uva bianca e rossa per rappresentare la Finlandia.
È stata un'occasione per conoscere persone, per parlare, per buttarci. Io di schiena a Luca; lui che parlava inglese con una coppia che fra poco andrà in vacanza in Nuova Zelanda e io che tentavo spagnolo con dei ragazzi che poi mi hanno invitato ad ascoltare e discutere poesie in un bar che adorano, leggermente fuori dal centro. Non vedo l'ora di andarci!
Poi Erik ha iniziato a suonare e tutti a battere le mani a ritmo di *Miguelito y la montaña,* a creare nuove strofe per *Me gustas tú* e rimanere a bocca aperta quando ha cantato la sua nuova canzone, di cui un po' siamo stati partecipi anche noi, in parte, alla sua nascita. L'ha scritta l'altro giorno, dopo il film che abbiamo visto al cinema la sera prima, *The street singer*. Wow, che film. Che voglia di vita, che coraggio, che sogni!
E insomma, il giorno dopo, ispirato dal film, ha composto questa canzone. Io sono stata la prima ad ascoltarla, Luca l'ha aiutato a registrare il video e per la sera era pronto. Wow di nuovo. *The third of September*, la sua prima canzone autobiografica. E

tutti sono rimasti a bocca aperta. A fine serata ho anche provato qualche passo di *swing* con una ragazza che aveva appena fatto la lezione di prova.
Ieri invece siamo andati proprio a la montaña, un'oretta a nord di Madrid. Paesaggio secco, arido, roccioso. Ricorda un po' i film western italiani degli anni '70. Qualche fiumiciattolo, una bella camminata all'aria aperta, respirata a pieni polmoni.
Ci voleva proprio! Per quanto Madrid sia bella, è pur sempre una città. E prendere la metro così spesso devo ammettere che un po' mi toglie l'aria. Tornando al paesaggio della *sierra*, abbiamo visto *vacas*, cavallette amichevoli e formiche piuttosto grandi.
Il sole, uuh. Un sole forte, caldo, che ti avvolge. Da quando siamo qui, ormai tre settimane, non ha ancora piovuto. Il cielo è azzurro, un bell'azzurro intenso. Qualche nuvola, bianca candida. E distesi su qualche roccia, con gli occhi al cielo e le braccia incrociate dietro la nuca, giochiamo a dare le forme alle nuvole, a girarle, a vederle al contrario, ad immaginare cappelli di gnomi e ali di draghi, bocche di streghe e la Svezia al contrario. Sarà che Luca già sta guardando i voli *Venezia-Helsinki* e mi sa che arriverà anche per noi il Nord Europa, presto, a questo punto.
Ci godiamo la *siesta*, uno dei momenti più rilassanti e spensierati di queste settimane, ridiamo, parliamo, scherziamo, siamo felici.
Oggi ho imparato la parola *wild boar*, cinghiale. La mia lista di parole nuove nell'agendina, cresce di giorno in giorno.

Ora vado in biblioteca, devo preparare la lezione per Cristina. Domani inizio, la mia prima lezione di inglese, qui, in Spagna. Cristina è una bambina fantastica, l'ho capito fin da subito, quando l'altro giorno sono entrata dalla loro porta e lei mi ha abbracciato con una forza ***stra***ordinaria, felicissima, dicendo alla mamma: «*Es guapísima. Me gusta mucho!*» Mi prende forte per il polso e mi trascina in cucina, mostrandomi *un vaso de agua y una galleta,* che mi aveva preparato lei per merenda.
Poi mi ha mostrato la sua stanza, spiegandomi ogni minimo dettaglio, ogni cosa. Cristina parla tantissimo e non vede l'ora di giocare con me. Tra me e me penso e mi domando come faccia a volermi così bene, se ancora non mi conosce. Poi, sempre tra me e me, mi rispondo che probabilmente lei già mi conosce. Cristina è una bimba speciale.

E Cristina probabilmente, avrà un capitolo tutto suo, già lo so.

Tumore e Nascita

19 Ottobre 2016

Ho proprio sonno stamattina. Ieri sera mi sono fermata giù in salone a parlare con Tami e si è fatto proprio tardi. Non riusciamo proprio ad andare a letto presto, qui. No. Per un motivo o per l'altro, perché mangiamo alle dieci, perché si chiacchera, perché semplicemente si ha voglia di vivere un po' di più.

Sento le gocce di pioggia sul vetro delle nostre finestre, che battono insistenti, forti. È una settimana, più o meno, che è arrivato l'autunno anche a Madrid. Sabato siamo andati a San Lorenzo de Escorial e tra viali completamente vestiti di arancione, rosso, rosa e giallo, abbiamo trovato le castagne. Uuuuuuuh, le castagne. Adoro le castagne. E poi le ho pure ritrovate in un baracchino proprio dietro Plaza Mayor. 2,50€ per *undici* castagne, diceva l'offerta. Beh, le ho prese. Adoro sbucciarle, fare in fretta perché scottano e bruciacchiarmi le dita, assaporarne pezzettino dopo pezzettino e ritrovarmi poi con i polpastrelli completamente nericci.

Le castagne fanno autunno. A dire il vero, le castagne *sono* autunno.

La pioggia insistente mi riporta al presente, a me che sono qui e scrivo.

Penso a Tami, inevitabilmente. Alla meravigliosa chiacchierata di ieri sera. Quanto siamo simili. Quanto entusiasmo per quello che facciamo, per il nostro lavoro, per la nostra vita. Da tempo non incontravo una persona così. Ieri ha portato a casa una carta adesiva a fiori, dicendo che ero libera di usarla. Credo che nemmeno un bambino potesse essere più felice di un regalo così. Mi sono guardata attorno, cercando qualcosa che potesse essere foderato. Adoro la parola *foderare.* Insieme a *contenitore ermetico,* è una delle mie preferite. Ho trovato la scatola di scarpe che avevo conservato, l'ho foderata e l'ho fatta diventare la mia nuova *magic box.*

Ho trovato una persona che immagina biciclette di formaggio e skateboard di prosciutto, una persona che conserva tutte le scatole dei cereali e che non si meraviglia se dall'Italia mi sono fatta spedire rotoli di carta igienica. (Chissà possano mai tornare utili!). Una persona che a fine giornata, per quanto stanca sia, ha sempre il sorriso sulle labbra perché parla dei bambini, di come fare una nuova flashcard, di come è riuscita a far scrivere una lettera sulla sabbia ad una bambina astigmatica. Una persona che non si stanca di sentirmi raccontare e raccontare nuovi progetti e racconti sui bambini; ma che sorride e ride con me, perché sa cosa voglio dire. Una persona che fa i salti di gioia e mi butta le braccia al collo quando dico che il progetto dei pomeriggi in libreria è stato accettato. «I knew it!» urla di gioia!

Una persona che, oltre tutto questo, è malata. Tami è malata. Tami ha un tumore allo stomaco. Tami ha scoperto del tumore a giugno. I medici le hanno detto che non c'è causa, non la possono sapere. Ma che può prendere una pillola per tutta la vita. Lei ha detto di no. Grazie ad un medico finlandese ha deciso di ridurre la propria dieta, no glutine, no latticini, no carne. Ha avuto la visita l'altro giorno,

noi la stavamo aspettando a casa. Le hanno detto che il tumore è cresciuto di un millimetro. Un millimetro. Gliene hanno tagliato un pezzettino, per analizzarlo; e a giorni usciranno i risultati.
Lei è forte, lei... non lo so.
Lei è piena di vita, lei fa mille cose.
Lei sorride e ama la vita.
Mi ha ringraziato per come la ispiro, giorno dopo giorno. Io? Io? Io? Parliamo così spesso del suo tumore, come se fosse un raffreddore, che la dimensione del problema sembra essersi ridimensionata. Lei non sembra essere preoccupata. Magari poi lo è. Certo che lo sarà. Ma non sembra proprio. Dice che non serve a nulla, pre-occuparsi. E allora anche noi in casa, la viviamo in maniera "leggera". Poi ci penso. Poi me lo ripeto. "Cancro". Questa è brutta. È proprio una brutta parola. Non è leggero. Pesa, e Tami mi ha pure detto quanti grammi pesa. Ora non ricordo. Non sono mai stata brava a memorizzare numeri.
Quanto mi sta insegnando lei. Quanto. Quanto non è *meravigliosamente non a caso*? Stavo cercando risposte, sono sempre alla ricerca di risposte a nuove domande o forse nuove risposte perché quelle di prima non mi bastano più. La vita, ora, mi ha messo a fianco lei. Quanto avevo e ho bisogno di imparare da questo? Quanto mi sta insegnando, che non se ne rende nemmeno conto. Quanto mi sta mostrando la vita nella sua bellezza e come affrontarla. Quanta energia, quanto spirito!
Ci ha mostrato le ecografie della sua pancia. La chiama *my tummy*, come i bambini. E c'è questa palla che risalta, bianca su sfondo nero. Grande. Sembra grande, almeno. Assomiglia al naso di uno

gnomo, le ho detto. Abbiamo riso, e trovato altre forme strane e a che cosa potesse assomigliare il suo tumore.

L'ultima volta che ho visto delle ecografie, sono state quelle del mio nipotino. Dentro quel quadratino, dentro quello spazio, quella piccola fotografia, c'era il mio nipotino.
William è nato il 29 settembre, dopo una settimana che eravamo partiti. Volevo aspettare, volevo vederlo, volevo abbracciarlo. Ma non ho fatto in tempo. La vita va così.
Non credevo di poter provare tanta gioia, tanto amore, per il bimbo di mio fratello. E parlo di un amore incondizionato, insensatamente immenso, per un bimbo i cui occhi, dal vivo, ancora non ho visto. Per un bimbo le cui manine e unghie così perfette, ancora non ho accarezzato.

Quella mattina ero nel convento dove siamo stati un paio di giorni prima di trovare casa, ero pronta per uscire ed ecco la chiamata su WhatsApp. La aspettavo da giorni quella chiamata. Apro la porta del bagno ed entro; lui ancora dorme, non volevo svegliarlo. Dopo una settimana in ostello, meritavamo un po' di riposo. Chiudo la porta, abbasso il coperchio del wc e mi metto comoda.

Un racconto di un'ora. Un racconto che mi ha tolto il fiato, un racconto che credo sia stato il più bel racconto che mi abbiano mai raccontato, finora. Il racconto di mio fratello, il racconto di una nuova vita.

[...] Quando l'ostetrica mi ha chiamato, sono corso giù, sono salito in macchina e sono andato. Tanti pensieri in testa, ma uno più di tutti. Sto per diventare papà. La musica che va e un po' d'aria fresca. Schiaccio sull'acceleratore, devo correre. Credo di non aver mai corso così. Ma forse è l'emozione. Arrivo all'ospedale, chiedo per il numero della stanza, quando improvvisamente sento delle urla e penso *"Non può essere lei"*. Poi le sento ancora, più intense. *"È proprio lei."* Corro di nuovo. Vado. La dilatazione è arrivata a 9 in pochissimo tempo. È pronta. O mio Dio. Sta succedendo veramente. Cerco di stare calmo, lei è distrutta. Glielo vedo in volto. Vado lì, le sto vicino, come posso. Ha camminato su e giù e fatto docce calde da ore, ma proprio non ne vuole sapere di scendere, quel pigrone. Le guardo di nuovo il viso, stavolta più attentamente. Le si contraggono gli zigomi e le labbra. «Sento la testa, sta uscendo. Vai a chiamare l'ostetrica» mi dice lei con un filo di voce. Ok, è ora. Ok, è il momento. Quel momento. Tocca a me. Tocca proprio a me. Mi alzo, vado. L'ostetrica dice che non è possibile, che non può già essere uscita la testa. Arriva, controlla. «Oh sì. Eccola. Prepariamoci.» Prepariamoci. Che vuol dire? Ok, sì. Ricordo cosa devo fare. Ho fatto il corso pre-parto per questo, no? O resto dentro e sono d'aiuto oppure tanto meglio se me ne vado fuori. Non voglio essere d'intralcio. Voglio farcela. Voglio farcela con lei. Ce la posso fare. Resto. Resto con lei. Respiro profondamente, le prendo le mani e mi metto viso a viso di fronte a lei. Respiro. Respiriamo, insieme. Le dico che sono qui. Cerco di guidarla, di renderla cosciente di quello che sta succedendo, di farla rimanere presente. Respiriamo assieme così il suo dolore non può sopraffare la bellezza di questo momento. Così lei c'è. Così lei è presente con me. Una nuova contrazione. E arrivano le spalle. Spinge di più, urla. Respiriamo insieme. La guardo. Ce la sta facendo. Caspita, quanto dev'essere forte. È stremata, non dorme da giorni. Chissà da dove la prende questa forza. Non so se io ce la farei. Forse le donne hanno qualcosa di speciale. Senza forse. Le donne lo sono, forti. Ultimo urlo. È qui. O mio dio è qui. *È qui.* Sento delle urla, l'ostetrica mi fa tagliare il cordone ombelicale, lo pulisce e me lo mette in braccio. Eccolo. Eccolo. E non ci sono parole. Le parole qui sarebbero troppo riduttive, Alice. Non sono state create le parole per queste sensazioni non ancora provate, per questa bellezza immensa, per questo amore senza confini. [...]

Le parole non ci sono, ma io dall'altra parte del telefono, sento la sua voce che trema e poi ride e poi è seria e poi è felice e poi è incredula e poi è sorpresa e poi è decisa e poi è eccitata e poi è serena. Dall'altra parte, ci sono io che cerco di captare qualunque dettaglio, che ascolto attentamente la voce di mio fratello, che non ho nessun mezzo per vedere, la connessione non è abbastanza forte. Posso solo ascoltare. E ascolto e piango. Piango da quando mi ha chiamata. Da quando mi ha detto «Alice, è meraviglioso». E hai voluto condividerlo. Grazie. Grazie per il racconto più straordinario della mia vita, finora. Grazie per avermi resa così partecipe del miracolo più bello della tua vita. Grazie.

Esco dal bagno, in lacrime, con un sorriso immenso stampato sul viso. Lui mi guarda, sorpreso, appena sveglio. Mi guarda perplesso, a chiedermi cosa fosse successo, perché erano le 9 di mattina e stessi piangendo.
«È NATO!»

Ora scendo, la pioggia è finita, la lavastoviglie suona e vado a stendere i panni e poi a preparare la lezione per le mie nuove bimbe di oggi pomeriggio. Sono un po' emozionata. Chissà come saranno.

Di Alicante, di gabbiani e di limiti. E anche di pace.

23 Ottobre 2016

Al tavolino di una caffetteria con lanterne appese al soffitto con corde di canapa e sedie in stile un po' retrò, sorseggiando il mio tè verde e gustando uno yogurt alla frutta, frutta di cui non conosco né il nome né il gusto; è mezzogiorno e io appunto pensieri, intuizioni...

"*Para ser lo que el quiere que seamos.*"
Ha detto prima con fermezza il padre, durante la messa. Avevo bisogno di parole questa mattina, di qualcuno che le facesse vibrare a gran voce e sono capitata nella Cattedrale di San Nicolas.
Come? Come vuole che siamo, Dio? Come?
La risposta che mi darei normalmente è "me stessa". Ma a volte me stessa non basta. O almeno, non in questi giorni. Essere semplicemente me stessa, non basta. O forse, non basta a me.

Alicante è bella, è sul mare, è sole che scotta ad ottobre e ritmi di vita lentissimi. Venendo da Madrid e dal suo caos, è una boccata d'aria fresca, è gabbiani al mattino, è respirare. Ieri siamo andati alla spiaggia di San Juan, non sembrava vero. Sembrava onirico, un'apparizione, qualcosa di irreale. Poi ci siamo spogliati e sentito l'acqua fredda delle onde infrangersi sui piedi. Era reale. [...]

Il ragazzo della caffetteria mi guarda mentre scrivo, sbirciando da dietro il vassoio di muffin al cioccolato sul bancone. Mi fissa. E questo un po' mi distrae...
Cerco di essere presente, cerco in tutti i modi di vivere il qui ed ora più che mai, ma a volte proprio non ce la faccio. A volte penso. E penso e penso e penso. E rimaniamo lì, io, i miei pensieri e il mio orgoglio in una caffetteria di Alicante, a scrivere cose.
Ecco cosa succede quando penso troppo. Ammetto che mi piace però, da un lato.
Mi piace stare sola. Adoro la mia compagnia, parlare e rispondermi, scoprire, esplorare.
È anche vero che ultimamente non mi sopporto troppo. Sarà che non riesco a fare yoga tanto spesso come vorrei, ma non sopporto come sono ora. Non riesco a risplendere, non riesco a bastarmi, o almeno, non tanto come vorrei.

E mi accetto.

E ora sono così.

E se chi ha deciso di starmi vicino, ieri mi ha domandato se avrei il coraggio di intraprendere il cammino di Santiago assieme... beh.
Quasi meglio di una proposta di matrimonio, ho pensato tra me e me.
Ci vogliamo andare a fondo, noi. A fondo proprio. Ma arrivare fino in fondo, quel fondo dove quasi ti manca l'aria ed è buio. Hai paura. E poi una mano prende la tua. E non importa dove metterai il piede,

non importa se non vedi. In quel fondo, ci sei insieme. E sei pronto a saltare, a saltare nel vuoto, sei pronto ad attraversare, a scalare. Sei pronto.

Noi. Noi. Noi che vogliamo essere indipendenti, ed esserlo insieme. Noi che amiamo la nostra libertà e il nostro spirito selvaggio. Noi. Noi nei nostri limiti. Noi nei nostri fottutissimi limiti.
Penso a me, alle mie pippe mentali, che pian piano, poco a poco (come dicono qui), le voglio abbattere. Li voglio sfondare questi muri, questi limiti.

Stamattina, i miei primi quindici minuti di meditazione vera. Finché ho aperto gli occhi e ho liberato il fastidio che avevo alle gambe e pure alla mente per pensare di cercare a non pensare a niente.
Domani ci riprovo. Domani resisto di più. Domani ce la faccio.

Gliel'ho chiesto prima, cosa vuole. A Dio, intendo. Cosa vuole che io sia, come vuole che io sia. Perché se in questo momento non so come devo essere, non c'è nessun'altro a cui io possa chiederlo, se non a Dio stesso, se non a me stessa.
«Que la paz sea contigo» mi ha sussurrato la signora a fianco, porgendomi la mano, nel gesto della pace.

Pace.

Non credo ci sia augurio più azzeccato.
Non credo ci sia risposta più giusta.

Paz.

Pace in me, fuori di me. Sì, credo prenderò questa come risposta.
Alla radio, una canzone mi riporta al presente. Al presente, ad ora.

"Maybe we found love, right where we are [...]"

Esatto.

Come una ragazza non madre lingua sopravvive al CELTA full-time e si certifica con pass B.

01 Dicembre 2016

Eccomi. Sono ancora a letto e sono le 9.30. Non ci posso credere. Quasi non mi pare vero. Sento il mio corpo che si riposa. Guardo la lettera che mi hanno dato due giorni fa, con su scritto il mio nome e il voto: pass B. E il marchio della Cambridge University sopra. Wow.

Questo mese è veramente volato, ma quanto intenso, quanto vivo. Quante lacrime e quante gioie. Il mese di novembre ho frequentato il CELTA, una certificazione per poter insegnare inglese come seconda lingua, in tutto il mondo. Sapevo che sarebbe stata dura, mi ero informata, avevo letto articoli un po' allo stremo di realtà e fantascienza come *"Come sopravvivere al CELTA in 10 mosse"* o ancora *"15 consigli per non ammalarti durante il CELTA"*; insomma leggere in internet non ha aiutato per niente.

Il fatto è che, alla fine, mi sono sentita di intitolare il mio articolo proprio usando la parola *sopravvivere.* Ogni mattina s'iniziava alle nove e si finiva alle sei. Non sapevo se sarei riuscita a mantenere le mie lezioni del pomeriggio con i bambini, ma volevo provarci. Tutti mi avevano detto di interromperle per questo mese, di concentrarmi solo su questo. Ovviamente non l'ho fatto, e ne sono stata felice. Pur essendo cosciente che una volta arrivata a casa, avrei dovuto mettermi al computer, scrivere il piano della lezione che avrei insegnato il giorno dopo, vari articoli che dovevamo consegnare... e la notte si fece sempre più corta.

Detto ciò, quando alle sette arrivavo a casa dei bimbi, vedere il loro sorriso, la loro voglia di giocare con me, sentire le loro vocine strillanti e incontrare i loro occhi pieni di vita mi regalava vita in cambio e tutto il resto, per quell'ora svaniva.

Nel nostro gruppo eravamo in tre, su quindici, non madrelingua inglese.
Sapevo che mi sarei dovuta impegnare più degli altri per colmare le lacune dovute al non essere nativa. Per arrivare dove loro possono arrivare naturalmente ed io ancora no. E aspirare ad andare ancora più in là.
Per questo il mattino mi svegliavo almeno due ore prima dell'inizio del corso, studiavo quello che avrebbero spiegato i tutors, arrivavo a lezione e rispondevo a tutte le domande. Non avrò riso a tutte le barzellette irlandesi che raccontava la tutor dall'Irlanda, ma ero lì perché meritavo di essere lì, ed ero presente ed ero una delle prime a rispondere. Loro non conoscevano la grammatica, io sì. Sapevo analizzare i tempi verbali, sapevo spiegare la differenza tra il *present perfect* e il *past perfect* e sapevo pure scrivere i fonemi. *«Nice, Alice, thank you»* mi diceva la tutor.

Quando abbiamo iniziato a insegnare, cioè dal secondo giorno, è stata tragica. Era la prima volta che insegnavo ad adulti, avevo paura di iniziare a spiegarmi a gesti, strane espressioni facciali e in

caso di necessità improvvisare un *Head, shoulders, knees and toes.*
Non è successo, ma il fatto che fossi nervosa, sì. L'essere osservata dagli altri insegnanti, l'essere giudicata dal mio tutor che tutto il tempo stava lì con quel computerino a scrivere... alzava la testa, mi guardava e poi giù a scrivere...
... CLICK... CLICK... CLICK... CLICK.
Un'ansia.
Credo di aver iniziato a rilassarmi e divertirmi solamente dalla sesta lezione; e in totale erano otto.
Il momento più bello è stato il condividere, il giorno dopo la nostra lezione, pensieri, osservazioni, commenti, positivi e negativi riguardo le lezioni dei nostri compagni. Lo chiamavamo *the circle of trust* e ci dicevamo tutto.
È stato fantastico. Come i miei compagni vedessero il mio sorriso, la mia attitudine verso gli studenti, la mia creatività e fantasia nel creare nuovo materiale, con colori e immagini. E quando il giorno prima me ne ero tornata a casa in lacrime perché non ero riuscita a dare il massimo, come volevo io, come me lo aspettavo, il massimo che pretendevo da me stessa; allora quelle parole, quelle vere, quelle dei miei compagni, erano una carezza al cuore, un toccasana per la mia autostima.
La sera, quando finalmente andavo a letto, non riuscivo a dormire. Ero ancora lì. Ero ancora in classe, la mia mente non era a letto e non ne voleva sapere di risposare. Non riuscivo a scollegare il cervello, anche se chiudevo gli occhi, sognavo di come avrei potuto insegnare il giorno dopo.
Quante volte sono scoppiata a piangere pensando di non farcela. Anzi, sapevo che ce l'avrei fatta, ma

avevo bisogno di sfogarmi. Avevo bisogno di buttare fuori tutte le volte che in lavori passati mi sono sentita dire “Sì, sei brava ma non sei madrelingua” o “Non sei madrelingua, i genitori dei bambini potrebbero sospettare di te”.
Basta, sono stufa. Sono **io** e basta. Sono nata in Italia, da genitori italiani. Il fatto che molto spesso vorrei essere nata in un paese anglosassone, è un’altra storia. Il fatto che adori le lingue e che ne conosca cinque, è un’altra storia.
Magari in un’altra vita lo sono stata, madrelingua inglese.
Potrei scriverlo nel curriculum. Questo vale?

Alzo la testa, e... oh. Sopra il tavolo c’è un mazzo di fiori. *Il* mazzo di fiori. Me l’ha regalato lui, pochi giorni fa. Come sono belle quelle margherite bianche, e anche la rosa rossa al centro. È stato un mese difficile per tutti. È stato un mese in cui lui era lì. Lì per guardarmi sicura di me mentre lavoravo al computer, concentrata, con le cuffiette e la musica focus nelle orecchie. Lì per prepararmi la cena quando io non ne ero in grado perché *non avevo tempo o me ne ero dimenticata.* Lì per prendermi il viso in lacrime tra le mani, guardarmi dritto negli occhi e dirmi «Ce la fai».
Lì, qualunque cosa sarebbe successa. Lì, quando ieri sono tornata e ho sventolato la mia certificazione. E non c’era un semplice *pass* scritto sopra. C’era *pass B.* Dentro di me mi sono subito chiesta se fossi stata madrelingua se sarei potuta arrivare a prendere A. Nessuno ha preso A. Ma questa è solo la parte di me che un po’ non è mai soddisfatta; quel grillo che arriva, si siede comodo

sulla poltrona rossa porpora della mia coscienza e con quella vocina fastidiosa pronuncia quelle due pericolose parole: *"E se...?"*
A volte la ascolto ed è la stessa voce che mi sprona a migliorarmi sempre di più; altre volte, come in questo caso, la mando a quel paese.

Sono felice. Ce l'ho fatta. Ce l'ho fatta.

Ora il mondo mi aspetta. Ora i miei progetti mi aspettano. Ho iniziato un nuovo corso online ieri mattina, English in Early Chilhood. Meraviglioso. E lunedì ho appuntamento con Victoria a casa sua, siamo diventate molto amiche durante il corso. Iniziamo a scrivere un libro per bambini, in inglese, di fronte ad una teiera di puro tè londinese. E poi stiamo organizzando il camp di Natale con Tami, waaaaa non vedo l'ora! Un sacco di bambinetti saltellanti tra stelle, pupazzi di neve, biscotti, racconti, renne, campanelli, brillantini e cose che luccicano ovunque.

E poi... e poi vedremo. Poi tutto prenderà il posto che deve prendere, ogni pezzetto del puzzle s'incastrerà perfettamente con l'altro, in un capolavoro che lascia spazio all'immaginazione. Tutto da creare.

Il Capitolo Arancione, le Donne e la Libertà.

15 Dicembre 2016

Da tanto voglio scrivere sulle donne. Da tanto questo capitolo ce l'ho in testa e continua a crescere esperienza dopo esperienza, donna dopo donna che conosco, posti e luoghi che visito e religione dopo religione con cui entro in contatto.

Il 25 novembre era la giornata mondiale contro la violenza sulle donne, il colore che è stato scelto per rappresentare l'evento è l'arancione.

Arancione è per tutte le donne che ogni giorno lottano con tutte le proprie forze per sopravvivere alla violenza fisica, mentale, alle ingiustizie, alla fame, alle malattie.

Ma Arancione è molto di più.
Arancione è anche per le mamme, che danno alla luce, crescono, supportano, incitano e fanno il tifo per i loro figli. A qualunque costo, con un'energia sovrumana.
Arancione è anche per le donne che hanno scelto di dedicare la loro vita ai loro progetti, e ce la mettono tutta per realizzarli.
Arancione è per quella donna che vidi in Malaysia, due anni fa, all'aeroporto di Kuala Besut. Quella donna, non solo indossava il burka come tutte le altre donne musulmane, ma aveva una maschera di ferro al viso. Ricordo come se fosse ieri i brividi che

provai sulla mia pelle appena la vidi. Non sapevo cosa pensare, non sapevo cosa fosse quel ferro sul suo viso, come se averlo già coperto da un velo non fosse abbastanza. Non sapevo quale tradizione ci fosse dietro, se quella donna mi stesse guardando, se avrebbe voluto urlare e tirarla e liberarsene o se semplicemente le andava bene, o forse non aveva altra scelta.

Arancione sono quelle donne che ci fissavano, quando sempre in Malaysia, a Georgetown, camminando lungo una spiaggia, io e la mia amica eravamo le uniche ragazze europee, con una maglietta a maniche corte. Quelle donne camminavano insieme al marito, ai figli e alle altre mogli, in una processione dalla moglie più giovane alla più anziana. Ci fissavano. Eravamo noi, sbagliate. Eravamo noi, fuori posto. Ci guardavano perché ci stavano giudicando? Ci guardavano perché volevano essere come noi? Ci guardavano perché eravamo diverse? E bisbigliavano. E sussurravano l'una con l'altra. Avrei tanto voluto parlare con loro. Avrei tanto voluto porgli tutte le mie domande. Avrei tanto voluto ascoltarle.

Arancione sono anche le ragazze che, a Bangkok, ho visto lungo la strada e che ammiccavano al mio lui, anche mentre camminavamo insieme.

Arancione sono le due ragazze che sono morte in Ecuador, a Montañita, ad Ottobre dell'anno scorso, proprio un mese dopo essere tornata. Stavano viaggiando, sono state derubate, stuprate ed uccise. E no, non è importante sapere come erano vestite e se *se la sono cercata.* Basta. Basta! Basta con questa ignoranza, basta con questa violenza!

Arancione è quando ti fermi la domenica mattina a fare benzina, non c'è nessuno tranne una macchina. E l'uomo che ti aiuta a capire che la pompa è fuori funzione, non lo fa perché è gentile, perché vuole aiutarti. Ma perché è lurido. Erano state parole, parole che ormai noi donne siamo abituate a sentire, perché tra chi commenta a voce troppo alta, tra chi fischia dall'altro canto della strada, ormai sembra normale.
Ma qualcosa deve essere andato storto! Che cosa vedi tu, uomo, in me che cammino per fischiarmi? Lo vedi che sono una Persona? Cosa credi che io sia? Sono un Essere Umano, sono un Essere Umano che decide di vestirsi con i pantaloni, con la gonna, che decide di truccarsi, di non farlo, di mettersi i tacchi o le scarpe da ginnastica. E per nessuna ragione, nessuna, in questo mondo, qualcuno deve ancora permettersi di dire "se l'è cercata".
Siamo Persone, siamo Esseri Umani. Tutti, indistintamente.

L I B E R I.

Arancione è la mia amica Tami, che ha sconfitto il tumore. Lei è artistica, è creativa, ama la vita. Lei è ispirazione per me ogni giorno di più. Sei un'insegnante fantastica e una donna forte e piena di energia, vai per la tua strada e realizza i tuoi sogni amica mia!

Arancione è Cristina, la bimba a cui insegno inglese al pomeriggio. Ha nove anni, ed era sorda dalla nascita fino a tre anni fa. Ora parla quasi perfettamente, ama recitare, cantare e mi abbraccia con una forza straordinaria. Lei mi canta la canzone di *Adios amiga* ogni volta prima che me ne vada a casa. Lei potrebbe diventare cieca in due anni se non smette di grattarsi gli occhi. Cri. Ce la puoi fare, hai un cuore così grande. Continua a lottare!

Arancione è stato quel giorno, il 25 novembre, quando io e lui eravamo a casa, e avevamo appena finito di pranzare.
«*Guys, we are going down to the metro station and make the video for the song. We are making people printing their hand on the poster against the gender-based violence. You wanna join?*» Entrano Tami ed Erik, iniziando a raggruppare pennelli, cartellone, tempera arancione e videocamera.

Erik ha scritto una canzone, *Paint a change* per un concorso internazionale per questo giorno. Gli serviva un video. Erano così emozionati, volevano fare qualcosa di concreto per questo giorno, per le persone.

Io e Lu ci guardiamo, siamo un po' scettici. Cosa si può fare di realmente concreto per questo problema? Non sarà mica un pomeriggio di pittura e non so cosa a cambiare la situazione. Vorrebbero cambiare il mondo, vorrebbero fare grandi cose, loro. Ma non è facile.
Diciamo che saremmo andati, dopo aver fatto la spesa.
Con le borse della spesa, alle cinque del pomeriggio, scendiamo i gradini della metro ed eccoli lì, sono

appena arrivati anche loro. Li aiutiamo a sistemare tutto, appendiamo la nostra tela arancione con il disegno di donne africane danzanti, appendiamo il cartellone bianco, tiriamo fuori la tempera arancione e posizioniamo la telecamera.
«Quieres pintar una mano contra la violencia de genero?» iniziamo a domandare alla gente che passa.
Si fermano alcune donne, si fanno dipingere la mano, imprimono il loro segno sul cartellone e si fanno fare una foto sorridenti.
Alcuni sono di fretta, altri pensano che domandiamo soldi. «Solo una mano!» diciamo.
Si ferma una donna. Ci guarda. Si avvicina. Ci dice che sono tre anni che non vede più suo marito e che lei e i suoi tre figli sono stati allontanati da lui. La picchiava. Quel bastardo. Dice così. Abbiamo tutti la pelle d'oca. Ho gli occhi lucidi. Non me l'aspettavo. Non mi aspettavo che qualcuno potesse testimoniare. Non mi aspettavo che mettere una mano su un cartellone avesse così tanta forza. Ci abbraccia tutti e quattro, scrive il proprio nome, Begonia, in calce arancione sul cartellone e ci dice grazie. Grazie. Grazie per...

Penso a due ore fa quando credevo che questo non avrebbe portato a nulla. Guardo Tamara, ho le lacrime agli occhi. *Grazie* le dico con gli occhi.

Passano famiglie, le donne mettono la propria mano, ma non gli uomini. Iniziamo a dire *«Necesitamos hombres!»* e qualcuno, su consiglio delle mogli, si fa coraggio e si avvicina.

Si ferma anche un gruppo di donne con dei bambini piccoli, mettono tutti l'impronta, anche il più piccolino, avrà avuto tre anni.
Si ferma anche una ragazza, probabilmente africana. Non sapeva se avvicinarsi. La invitiamo a farlo, gentilmente. Decide di fidarsi, di mettere la mano, ma non vuol farsi fare la foto. Va bene così. Se ne scappa subito via e resta a guardarci per un po' in lontananza. Le dico «Gracias» sperando arrivi, anche se è distante. Lei sorride, nasconde il viso tra la sciarpa e se ne resta a guardarci ancora per un po'.
La sentivo. Lei era lì con tutta sé stessa.
E ogni volta piangevo, ogni volta non ce la facevo a credere a tutto quello che stavo provando, a come sentivo le persone che decidevano di fermarsi, di regalare un sorriso o condividere un'esperienza.
Come siamo entrati in contatto, in intimità con donne e uomini e bambini sconosciuti in due ore che siamo stati lì, io sto solo provando a spiegarlo. Era come essere lì, per una causa più grande di noi ma poi rendersi conto che così grande non era. Che condividiamo tutti paure, che tutti abbiamo qualcosa da condividere.

Poi è arrivata la guardia di sicurezza e non c'è stato verso di spiegare, di dire, che non c'era nessun scopo di lucro rispetto a quello che stavamo facendo. Tami si batte, piange, urla e chiede perché non possiamo stare lì e la guardia risponde *perché non si può*. Lei dice che stiamo facendo questo solo per dare consapevolezza alla gente in questo giorno. Che non ci sono manifesti, che la gente non sa. Niente da fare, il burbero inizia a strappare i nostri cartelli e la gente si ferma. Una donna e un uomo ascoltano e poi decidono di prendere le nostre difese e di mettersi contro la guardia.

Decidiamo di andarcene alla fine, ma Tami ha deciso di fare causa a quel burbero, sostenuta dalla signora che abbiamo incontrato. Non possono sempre vincere loro, solo perché noi ci arrendiamo. Dovrebbero essere dalla nostra parte, tutti dovremmo essere dalla nostra parte, la parte dell'umanità per l'umanità.

Ce ne andiamo, pieni di emozioni, di lacrime, di speranze, un po' di delusione... ma quante vite abbiamo incontrato in due ore che siamo stati lì! Almeno cinquanta vite!
E caspita se è qualcosa. Caspita se ne è valsa la pena!
Mi ha ricordato tanto quando sono andata in Ecuador un anno fa. Credevo di salvare il mondo? Non credo proprio. Credevo che il mondo avesse bisogno di me? Forse sì. E sapevo che se non iniziamo nel nostro piccolo, se non iniziamo noi stessi a crederci, a fare, resteremo sempre fermi e penseremo che i grandi problemi del mondo non si possono risolvere, sono troppo alti per noi.
Ma non è così! Ogni vita che tocchiamo con amore, questa diventa migliore e rende la nostra più ricca di quanto lo era prima.
Vorrei saper dare più di quanto ricevo, ma è sempre il contrario.

Grazie Tami, Grazie Erik, Grazie Lu.

Grazie per avermi ricordato che siamo tutti fautori delle nostre scelte, che possiamo cambiare, che possiamo aiutare, che possiamo FARE, sempre. Con piccoli gesti. Sono quelli che fanno la differenza.

Paint a change, pinta un cambio, dipingiamo un cambiamento.

Nella nostra vita, per la vita degli altri.

Grazie

Grazie a tutte quelle persone che hanno fatto sì che io oggi sia così.
Grazie a chi c'è e a chi ha fatto parte della mia vita.
Grazie a chi ha condiviso, a chi ha creato, a chi ha deciso di aprirsi per mostrarmi qualcosa. Per farmi capire. Per aiutarmi. Per farmi crescere.
Grazie Mamma e Papà per fare il tifo per me sempre, supportandomi ed ispirandomi. Grazie alla mia Famiglia.
Grazie Lu per esplorare il mondo e la vita con me, mano nella mano, ed incoraggiarmi a fare sempre di più. Sei fonte d' ispirazione e una delle mie cinque Pietre.
Grazie Matti, Naomi e William.
Grazie Australia, Timothy, Chris, Shaline, Matteo.
Grazie Escuela Katitawa, Ecuador, Robert, Jonathan, Bronte, Patricia, Silke e Gui.
Grazie Italia, Pietro e Gio, Olly, Giovanni, Ettore, Pietro D., Pietro M., Edo, Alice e tutti i bimbi che mi hanno mostrato qual era la mia missione in questo mondo, per ora.
Grazie Annalisa, Federica, Angelica, Elena, Giulia, Chiara, Estele, Calime, Valerio, Giorgia, Rubina.
Grazie Spagna, Tami, Erik, Famiglia Gonzalez Casado, Cristina, Ainara, Dunia ed Elena, Steven, Cathy e Victoria.
Grazie a tutte le meravigliose maestre che ho incontrato nel mio percorso, in particolare quelle della scuola materna Girotondo.

Grazie Erik per aver visto in questo libro, da sempre, una possibilità di condivisione.
Grazie Alice per aver fatto sì che tutte queste parole fossero perfette tra loro, per avermi consigliato e aver reso questa pubblicazione possibile.
Grazie ai bambini che oggi continuano ad insegnarmi giorno dopo giorno come migliorarmi come persona e come maestra.
Grazie ai bambini che mi insegnano la bellezza e la semplicità della vita.

Grazie a tutte le Connessioni, alle Persone, ai Luoghi, all' Universo per questo meraviglioso Viaggio.

Continuerò a farlo Valere.

Alice

9178276R00124

Printed in Germany
by Amazon Distribution
GmbH, Leipzig